Das Buch

Kennen Sie das? Pakete gurken wochenlang durch die Republik (oder kommen gar nicht erst an), am Postschalter steht man sich die Beine in den Bauch (für eine Briefmarke!), und wenn es mal wieder mit der Zustellung einer Sendung nicht geklappt hat, findet man einen Zettel im Briefkasten: »Wir haben Sie leider nicht angetroffen. Bitte holen Sie Ihr Paket an der Zweigstelle ab … Heute jedoch nicht!«. Zum Verzweifeln! Comedian Hans-Hermann Thielke kennt die Deutsche Post wie kein Zweiter. Über dreißig Jahre war er im sogenannten »mittleren, nichttechnischen Dienst« beschäftigt, als Schalterbeamter im Postamt Itzehoe. In seinem ersten Buch nutzt er endlich die Gelegenheit, uns den Laden einmal zu erklären und näherzubringen – natürlich auf seine eigene, etwas unbeholfene Art.

Der Autor

Hans-Hermann Thielke ist regelmäßiger Gast im *Quatsch Comedy Club* (ProSieben) und *Nightwash* (WDR) und bekannt aus zahlreichen TV-Auftritten u. a. bei *Verstehen Sie Spaß?*, *Ottis Schlachthof*, *Vorsicht Kamera* und *Wetten dass …?* Mit seinem Bühnenprogramm »Es gibt ein Leben nach der Post« ist er ganzjährig auf Tour.

Hans-Hermann Thielke

Wir haben Sie leider nicht angetroffen

Überleben mit der
Deutschen Post

Ullstein

Besuchen Sie uns im Internet:
www.ullstein-taschenbuch.de

Originalausgabe im Ullstein Taschenbuch
1. Auflage Juli 2011
© Ullstein Buchverlage GmbH, Berlin 2011
Konzeption: HildenDesign, München
Umschlaggestaltung: Zero Werbeagentur, München
Titelabbildung: © Artwork HildenDesign
Foto des Autors: © Mr. Concept
Illustrationen: Henning Studte
Satz: LVD GmbH, Berlin
Papier: Pamo Super von Arctic Paper Mochenwangen GmbH
Druck und Bindearbeiten: CPI – Ebner & Spiegel, Ulm
Printed in Germany
ISBN 978-3-548-37388-1

Inhalt

Vorwort 7

Schöne neue Postwelt
Wer sich traut, verschickt im Internet 13
Schalterbeamte haben es schwer 1:
Die häufigsten Fehler am Postschalter 25
Kundenbeschwerden – Was Sie selbst dagegen
tun können: Fallbeispiele 1 und 2 45
Schalterbeamte haben es schwer 2:
Nachforschungsauftrag auf Leben und Tod 51
Postlexikon A bis D 71

Schalterbeamte haben es schwer 3:
Wenn die Schlange im Dunkeln tappt 79
Kundenbeschwerden – Fallbeispiele 3 und 4 85
Geschichten, die das Postleben schreibt 1:
Auf Abwegen beim Betriebsausflug 93

Lebenshilfe am Postschalter: Immer das
passende Sprichwort auf den Lippen 115

Versenden will gelernt sein 1: Gewusst wo 123

Postlexikon E bis J 129

Versenden will gelernt sein 2: Briefkästen sind
gefährlich 135

Kundenbeschwerden – Fallbeispiele 5 und 6 143

Versenden will gelernt sein 3:
Die häufigsten Fehler vor dem Losschicken 149

Geschichten, die das Postleben schreibt 2:
»Hoch auf dem gelben Wagen« 155

Postlexikon K bis P 167

Empfänger – die passiven Kunden 1:
Welcher Kundentyp sind Sie? 173

Kundenbeschwerden – Fallbeispiele 7 und 8 181

Zusteller haben es schwer 1:
Mit dem Rottweiler auf Kollisionskurs 187

Postlexikon Q bis Z 201

Empfänger – die passiven Kunden 2:
Wenn Sie »Peckchzcekowskyi« heißen 209

Kundenbeschwerden – Fallbeispiele 9 und 10 213

Empfänger – die passiven Kunden 3:
Wenn der Postmann zweimal klingelt 219

Zusteller haben es schwer 2: Gefangen in der JVA 227

Danksagung 245

Vorwort

Viele Bücher, die ich im Laufe meines Lebens gelesen habe, haben immer wieder mit einem Vorwort angefangen. Fast alle eigentlich. Das ist mir immer gleich beim ersten Lesen aufgefallen. Darum will ich das hier, bei meinem Buch, auch so machen. Ein Vorwort gehört einfach irgendwie dazu, genauso wie eine Briefmarke zum Hammerstempel gehört oder im Schnellrestaurant der Topf zum Deckel. Ein Vorwort ist so etwas Ähnliches wie eine Bedienungsanleitung bei Elektrogeräten. Natürlich etwas dicker eingebunden, das ist klar, aber vom Prinzip dasselbe. Bevor sie Elektrogeräte nämlich dazu bewegen können, mit ihnen ans Netz zu gehen, müssen Sie vorher auch eine Menge Dinge in vielen mehrsprachigen Zeilen nachlesen, mit etwas Glück sind auch ein paar deutsche Zeilen dabei. Und genauso verhält es sich mit dem Vorwort in jedem guten Buch. Da können Sie auch nicht einfach so drauflosesen und hoffen, irgendwas wird schon an Ihnen hängenbleiben. So einfach geht das nicht.

Darum: Lesen Sie dieses Vorwort bitte sorgfältig und in aller Ruhe durch. Sie haben auch Glück, alle Zeilen sind in deutscher Sprache abgehalten.

Nehmen Sie sich ausreichend Zeit dafür. Setzen Sie sich in eine ruhige Ecke, wo Sie keiner stört, und fangen Sie einfach an zu lesen. Zeile für Zeile. Wenn Sie etwas auf Anhieb nicht verstehen sollten, dann lesen Sie den unverstandenen Absatz ruhig ein weiteres Mal oder, wenn's sein muss, auch dreifach oder mehrmals durch. Deshalb sind Sie nicht viel dümmer als andere Leser. Keine falsche Scham! Sie müssen sich immer sagen, dass Sie dieses Buch ja schließlich zum ersten Mal lesen. Und beim ersten Mal bleiben im Leben immer viele Fragen zurück.

Ein Vorwort ist außerdem wie eine Art Grußwort gedacht. Also nett gemeint. Die Leser werden von ihrem Schriftsteller willkommen geheißen. Zwar nicht direkt mit einem Händedruck wie in Ihrem Supermarkt um die Ecke, aber immerhin durch das Wort. Das geschriebene Wort sogar. Wir Schriftsteller leben ja ausschließlich durch die Kraft der geschriebenen Wörter. Ohne so eine persönliche wörtliche Begrüßung, würde manch ein Leser das Buch vielleicht gleich wieder enttäuscht zuklappen und es am nächsten Tag beleidigt wieder umtauschen. Dazu hätte er sogar das Recht. Vorausgesetzt, er hat den Bon aufbewahrt und nach dem Erwerb des Buches nicht länger als dreizehn Tage mit dem Lesen gewartet.

Damit Sie mein Buch behalten und zu Ihren vielen anderen Büchern stellen, möchte ich Sie, liebe Leser, gleich zu Beginn meines Buches auf das Allerherzlichste begrüßen! Und Ihnen nun im Anschluss Ihre wichtigsten Fragen beantworten.

Warum schreibe ich dieses Buch?

Weit über dreißig Jahre lang war ich insgesamt für die deutsche Post tätig. Hauptberuflich. Sowohl im Innen- wie auch im Außendienst. Immer zur Stelle, wenn's irgendwas zu tun gab. Die Post war mein Leben. Zusammengerechnet sogar fast vierzig Jahre lang. Aber auch schon vor dieser Zeit habe ich mich immer sehr für alles interessiert, was in irgendeiner Weise mit der deutschen Post zu tun hatte. Jedenfalls hat mir meine eigene Mutter, als sie noch gelebt hat, mal erzählt, dass ich immer ganz unruhig und zappelig wurde, wenn sie mit mir zur Post ging. Und das war noch in ihrer Schwangerschaft gewesen und ich war noch in ihrem Mutterleib. Schon damals hat mein Herz für die Post geschlagen, auch wenn mein Herz damals noch kleiner war als später im festen Beamtenverhältnis. Aber immerhin: Früh übt sich! Während gleichaltrige Embryos noch mit beiden Beinen im Sandkasten spielten, da hatte ich mir bereits im mütterlichen Fruchtkörper Gedanken über mein berufliches Fortkommen gemacht. So sehr hatte mich das alles interessiert mit den Briefen und den Ansichtskarten und den Stempeln und so weiter. Und es hat sich gelohnt. Heutzutage blicke ich auf ein sehr erfülltes und arbeitsreiches Dienstleben mit allem Drum und Dran und sämtlichen Höhen und Tiefen zurück. In den ganzen Jahren meiner Schaffenszeit habe ich viel Wissen angesammelt. Fachwissen teilweise sogar. Und heute möchte ich etwas von diesem gesammelten Fachwissen über die Post weitergeben. An Sie, meine lieben Leser. (Die ich an dieser Stelle ruhig noch ein zweites Mal begrüßen möchte: Herzlich willkommen also.)

Ich weiß, dass viele von Ihnen im unmittelbaren Umgang mit der Post gelitten haben. Kummer und Verdruss waren dann die Folge. Wenn das einer weiß, dann ich. Tief runtergeschluckter Ärger und unausgesprochene Ratlosigkeit von Postkunden haben sich immer wieder an meinem Schalter Luft verschafft. Viele von ihnen haben resigniert im Laufe der Jahre, aufgegeben, andere haben gekämpft, kritisiert und die Post auf dem Gerichtswege verklagt. Wieder andere sind an ihrem Leid zerbrochen.

Für Letztere kommt dieses Buch zu spät. Das tut mir leid. Aber all die anderen, die vielen anderen unter Ihnen, die noch Hoffnung in sich spüren, die noch auf der Suche sind und Antworten haben wollen, für die ist es nicht zu spät. Sie haben noch die Chance, sich schlauzumachen und sich auf den Weg in eine bessere Welt zu begeben. (Deshalb darf ich Sie an dieser Stelle von ganzem Herzen zum Kauf dieses Buches beglückwünschen.) Wie Sie, nahezu auf jeder Seite, merken werden, ist es ein sehr persönliches Buch geworden. Ein populäres Sachbuch von Menschen für Menschen.

Nach meiner Erfahrung ist es oft nur die Unwissenheit der nur allzu menschlichen Kunden, die sie in den Missmut und Ärger über die deutsche Post treibt. Die Unkenntnis von dienstlichen Regelungen und Vorschriften, all den Verordnungen und, und, und. Diesen Menschen kann leicht geholfen werden. Man muss ihnen nur das System, das hinter all dem steckt, anschaulich vor die Augen halten. Das »System Deutsche Post«, wie wir Fachleute es nennen.

Warum ist der Postschalter immer gerade vorübergehend geschlossen, wenn ich was von ihm will? Wieso sind meine Briefe bis zur Unkenntlichkeit verknickt? Weshalb kommen

GUTEN TAG,
MEIN NAME
IST HANS-
HERMANN
THIELKE

einige Päckchen überhaupt nie an, und wenn doch, dann nur bei meinem Nachbarn? Und was in Gottes Namen hat der Briefträger überhaupt gegen meinen herzensguten Bullterrier Bodo?

Solche und andere Fragen sind mir häufig gestellt worden in meiner aktiven Dienstzeit, und deshalb möchte ich dieses Buch dazu nutzen, auf all diese Fragen mit dem gesamten Know-how meines Fachwissens einzugehen. Ausführlich und kompetent. Ich möchte Ihnen als Postkunden helfen, Ihren Alltag mit der Post leichter – und auch leichteren Herzens – zu bewältigen. Denn nur so können Sie den Postmitarbeitern, denen Sie über Ihr ganzes Leben verteilt immer wieder begegnen, eine echte Hilfe sein.

Ich erkläre Ihnen zum Beispiel, wie Sie Beschwerden am allerbesten vermeiden, und erzähle zur Auflockerung auch vom Postleben im Allgemeinen und wie schwer es Zustellern tagein tagaus gemacht wird. Wenn Sie alles Schritt für Schritt durchlesen, wird sich Ihr Bewusstsein für die Post ganz automatisch erweitern. Wie von selbst können Sie sich dann am Ende Ihr eigenes Trainingsprogramm für die Praxis zusammenstellen. Denn wir alle wissen ja, dass die Theorie nur das halbe Leben ist.

Schöne neue Postwelt

Wer sich traut, verschickt
im Internet

Seit ich nicht mehr aktiv dem Postwesen angehöre, hat sich in meinem Tagesablauf schlagartig einiges verändert. Natürlich nicht alles, das ist klar, das wäre zu viel des Guten. Man wirft ja nicht alles von heute auf morgen auf einen Haufen, nur weil die Armbanduhr inzwischen etwas langsamer geht. Z. B. stehe ich nach wie vor jeden Morgen um 6.15 Uhr auf. Das lasse ich mir nicht nehmen. Jeden Morgen von montags bis freitags. Frühstücken tue ich auch immer noch um halb neun, zeitgleich mit meinen früheren Kollegen in der Postkantine. Fünfunddreißig Jahre habe ich das schon so gemacht, und mein Darm hat sich, genau wie ich selbst, an diese festen Mahlzeiten gewöhnt. Ich glaube, neue Essenszeiten wären für uns beide im Moment nur sehr schwer verdaulich.

Was sich verändert hat seit meinem Dienstschluss, das ist

mein Einkaufsverhalten. Einkaufen tue ich jetzt nämlich immer schon morgens und nicht wie früher erst spät nach Feierabend. Zwar immer noch bei meinem Rewe um die Ecke, aber eben viel früher als früher, gleich nach Sonnenaufgang, wenn der Tag noch jung und die Regale noch voll sind.

Dabei lasse ich mir jetzt aber immer viel mehr Zeit als in meiner Zeit vor dem Ruhestand. So zwei bis drei Stunden brauche ich immer, bis ich mit allem durch bin. In aller Seelenruhe schlendere ich dann durch die Gänge, vergleiche aktuelle Preise, kontrolliere im Frischeregal die Verfalldaten, sortiere angegammelte Tomaten aus und erkläre älteren Damen am Flaschenautomaten, wie sie möglichst schnell an ihr Bargeld kommen. Jeden Morgen mache ich das alles, und viele Kunden glauben, dass ich zu dem Laden dazugehöre. Jeden Tag fallen mir tausend neue Sachen ein, die man am Markt verbessern könnte. Z. B. ist die Radaufhängung bei vielen Einkaufswagen oft fehlerhaft, oder die Perforierung bei den Abreißtüten in der Obst- und Gemüseabteilung ist immer noch nicht voll ausgereift, viele Tüten sind nach dem Abriss von beiden Seiten sperrangelweit offen. Das spreche ich dann schonungslos mit dem Marktleiter durch, und der ist immer sehr dankbar für meine Anregungen.

Man muss sich in der freien Wirtschaft heutzutage einfach immer weiter verbessern, wenn man sich am Markt durchsetzen will. Stillstand ist Rückschritt! Das ist auch eine alte Postweisheit.

Solange ich zurückdenken kann, hat sich die Post nämlich auch immer wieder erneuert und verbessert. Das war schon immer so. Auf allen Gebieten. Von der Briefmarkengestaltung bis hin zur Weiterentwicklung der Dienstfahrräder wurde gefeilt, getüftelt und geschraubt, bis wir auf dem allerneuesten Stand angekommen waren.

Man muss sich täglich wieder neu erfinden. Und das haben wir gemacht in all den Jahren bei der Post. Erfunden haben wir wirklich 'ne ganze Menge.

Z. B. die Dienstbekleidung der Zusteller. In den fünfziger Jahren waren das noch richtige Uniformen. Mit Dienstgrad auf der Schulterklappe und Hand an der Hosennaht. In den siebziger Jahren dann wurde die Bügelfalte ausrangiert, und wir bekamen die berühmte Schlaghose zum Tragen. Allerdings nicht lange, denn die Hose hatte deutliche Schwächen in der Vorwärtsbewegung. Fürs Gehen war die einfach nicht gemacht.

In den achtziger Jahren dann trugen weibliche Postzustellerinnen die modischen gelben Ballonröcke, und heute ist die Post in Modefragen zum echten Trendsetter geworden, wo sich mancher Modemacher gern mal eine Scheibe abschneiden kann.

Uns Postmitarbeitern haben all diese Weiterentwicklungen immer viel Freude gemacht.

Aber dann kam es richtig dicke für uns. Seit Anfang der neunziger Jahre gab es nämlich einen regelrechten Boom im Elektrobereich, der bis zum heutigen Tage noch nicht vollständig abgeklungen ist. Plötzlich wurde das ganze Land mit nagelneuer Elektrotechnik überschwemmt. Fotoapparate brauchten über Nacht keine Filme mehr, kein Mensch ging mehr in Telefonzellen, um sich auszusprechen, Schreibmaschinen wurden reihenweise arbeitslos, und das dazugehörige Tipp-Ex stand seit Mitte der neunziger Jahre wie Blei in den Verkaufsregalen rum. Spätestens zur Jahrtausendwende war es dann selbst dem Letzten klargeworden: Irgendwas hatte sich verändert in Deutschland. Und zwar grundlegend. Mit dieser neuen Elektrotechnik waren plötzlich Dinge möglich, an die man noch Jahre zuvor nicht mal in seinen digitalsten Träumen gedacht hätte.

Und auf diesen neuen Trend ist die Post sofort aufgesprungen. Fast alle Dienstbereiche wurden von Grund auf an den Zahn der Zeit angepasst.

Z. B. **der neue E-Postbrief**. Der wurde im Jahre 2010 erfunden. Für mich persönlich zu spät. Ich habe ihn knapp verpasst. Bei seiner Einführung war ich nämlich schon zwei Jahre außer Dienst, daher kenne ich ihn nur noch vom Hörensagen.

Den E-Postbrief muss man sich wie einen herkömmlichen Brief vorstellen, nur ohne Papier und Briefmarken. Papier spielt in der heutigen Kommunikationselektronik sowieso keine große Rolle mehr. Der E-Postbrief braucht auch keinen Zusteller und keinen Briefkasten. Alles machen die Computer unter sich selbst aus. Aber ein paar Dinge muss man schon noch beachten, bevor es mit dem Schriftverkehr so richtig losgehen kann. Als Erstes müssen Sie sich z. B. anmelden. Das ist das Wichtigste. Genau so, wie Sie sich als neues Mitglied in einem Sportverein anmelden müssen, so geht auch hier nichts ohne gültiges Formular.

Auf Ihr Anmeldungsgesuch hin wird Ihnen dann von der Post ein 16-stelliger Registrierungscode zugeschickt. Aber nicht jetzt schon als E-Postbrief, sondern noch ganz herkömmlich im fensterlosen Umschlag. Der Code ist sozusagen Ihre neue Identität im Netz. Den sollten Sie am besten sofort auswendig lernen, damit Sie ihn auf Verlangen jederzeit parat haben. Dann kommen nur noch ein paar einfache Passwörter, Verschlüsselungen und persönliche Daten dazu, die Sie auf Lager haben müssen, ein aktuelles polizeiliches Führungszeugnis, und dann ist es auch schon so weit. Mit diesem gesamten Bewerbungspaket gehen Sie in eine Postfiliale in Ihrer Nähe und melden sich an. Direkt am Schalter. So wie früher. Von Mensch zu Mensch. Wichtig: Gültigen Personalausweis nicht vergessen! Sonst war alles umsonst.

Ein E-Postbrief kostet nicht mehr als ein herkömmlicher Papierbrief. 55 Cent nämlich nur. Ohne Extras. Da ist alles beim alten geblieben. Und noch ein Vorteil: Der E-Postbrief kann nicht verknicken, zerreißen oder im Regenschauer plötzlich nass und dadurch unkenntlich gemacht werden. Die Glasfaserkabel, die Ihren E-Postbrief transportieren, die liegen nämlich alle warm und trocken tief unter der Erde.

Es gibt aber auch heute immer noch Menschen, die nur ungern längere Zeit vor ihrem Bildschirm verbringen. Man findet sie zwar inzwischen genauso selten wie Stecknadeln, aber es gibt sie noch. Vielleicht setzen sie sich nicht so gern vor den Computer, weil sie das Flimmern nervös macht, oder sie haben Angst um ihre Gesundheit, wegen dem Elektrosmog, der von diesen Geräten ungefiltert in ihr Wohnzimmer geblasen wird. Solche Menschen lesen einfach lieber schwarz auf weiß direkt vom Papier ab, was ihnen geschrieben worden ist. Die würden sich auch nie freiwillig ein E-Buch kaufen. Sie bleiben aus Tradition lieber beim alten verstaubten Papierbuch und haben keine Angst, sich beim Umblättern die Finger schmutzig zu machen.

Auch an diese Menschen hat die Post natürlich gedacht. Die können sich ihren E-Postbrief nämlich von der Post ausdrucken und vom Zusteller direkt ins Haus bringen lassen. Persönlich und unverbindlich, so wie früher und wie es sich seit Jahrtausenden bewährt hat. So bleiben sie am Puls der Zeit, müssen aber nicht auf liebgewonnene Gewohnheiten verzichten.

Ganz ähnlich wie beim E-Brief verhält es sich auch bei der neuen **Online-Frankierung**. Auch hierbei müssen Sie nicht mehr unnötig aus dem Haus. Kein Warten mehr, kein längerer Aufenthalt in hartnäckigen Warteschlangen. Sie bleiben einfach gemütlich in Ihren eigenen vier Wänden, trinken mit der einen Hand eine Tasse Kaffee, und mit der anderen schalten Sie Ihren Computer ein. Und schon geht's los! Das ganze läuft genauso ab wie das Home-Banking, wo Sie ja Ihre Geldscheine auch selbst ausdrucken können. Genauso drucken Sie beim Online-Frankieren Ihre Briefmarken aus. Bequem und entspannt zugleich. Dabei können Sie sich die schönsten Motive aus aller Welt in aller Ruhe aussuchen. Sie sitzen im Trockenen, und Ihr Computer erledigt alles Weitere. Bezahlen können Sie dann später bargeldlos, per Abbuchung, Kreditkarte oder Überweisung. Oder Sie bringen es einfach direkt in bar bei der Post vorbei. Das ist natürlich nach wie vor immer noch der sicherste Weg.

Eine moderne **Sendungsverfolgung** läuft heutzutage auch überwiegend im Netz ab. Also online, im Internet, wo sich das eigentliche Leben mehr und mehr abspielt. Der große Vorteil dabei ist: Das Internet vergisst nie etwas. Niemals. Und diesen Fortschritt hat sich die Post heute zunutze gemacht. Als wir zu meiner Zeit noch Sendungsverfolgungen praktiziert haben, mussten wir tagelang Hunderte Kilometer mit dem Auto hinter irgendwelchen verschwundenen Päckchen herfahren. Über staubige Landstraßen und durch verschneite Winterlandschaften. Wir haben Passanten befragt, Zusteller observiert und verdächtige Nachbarn verhört, so lange, bis wir das Päckchen sichergestellt hatten oder es ein für alle Mal als »endgültig abhandengekommen« deklariert und die dazugehörige Suche eingestellt wurde.

Heute läuft das anders ab. Moderner und auch viel digitaler. Heute sind nämlich alle Päckchen und Pakete im Internet registriert und mit einer Sendungsnummer versehen. In einer Sendungsnummer haben sich 10 bis 39 unterschiedlichste Zahlen und Buchstaben aus dem Alphabet zu einem einzigartigen Code zusammengefunden. Dieser Geheimcode ermöglicht nun eine eindeutige Identifizierung Ihres Paketes. Überall und weltweit. In welche Himmelsrichtung Ihr Paket auch versehentlich gereist sein mag und wie lange es schon auf den Beinen ist, irgendwann läuft es doch zwangsläufig einem Förderband in die Arme, wird dabei gescannt, durchleuchtet und registriert. Und das ist dann in der Regel auch schon das Ende der Odyssee.

Nehmen wir mal an, Sie möchten ein mittelgroßes Paket (also Größe L) von Itzehoe nach Rosenheim in Bayern versenden. Gleich am Montagmorgen gehen Sie in Ihre Postfiliale und geben es auf. Aber nach ein paar Tagen fangen Sie an zu grübeln und machen sich Sorgen, ob das Paket auch wirklich auf einem guten Weg ist und alles in die richtige Richtung läuft. Menschen neigen nun mal dazu, sich Sorgen zu machen, das ist ganz normal. Eltern sorgen sich um ihre Kinder, Kinder um ihren kleinen Hund und der Hund um sein Mittagessen. Das ist nur allzu menschlich.

Mit der modernen computergestützten Sendungsverfolgung können Sie Ihre Sorgen aber schnell vergessen. Sie setzen sich einfach nur kurz an Ihren Computer (falls Sie da nicht sowieso schon sitzen), klicken auf die DHL-Seite, dann auf Sendungsverfolgung, tippen Ihre Sendungsnummer in ein vorgesehenes Feld ein und erfahren innerhalb kurzer Zeit, in welchem Zustand und an welchem Ort sich Ihr Paket befindet. Statusabfrage nennt sich das Ganze. So sind Sie im-

mer auf dem neuesten Stand und können Ihr Paket jeden Tag vom Wohnzimmertisch aus in die weite Welt hinaus beglei-ten.

Neben der neuen modernen Sendungsverfolgung gibt es aber auch immer noch parallel die altmodische Sendungsver-folgung, die immer dann losgeht, wenn Sie zur Paketemp-fängnis nicht zu Hause sein sollten. Da kriegen Sie dann wie immer eine Karte in Ihren Kasten geworfen. Eine **Benachrich-tigungskarte**, damit Sie wissen, dass wir da waren, und an-fangen können, die Sendung zu verfolgen, jetzt nicht nur theoretisch im Internet, sondern ganz naturgetreu und mit vollem Körpereinsatz.

»Wir haben Sie leider nicht angetroffen«, stand früher immer auf dieser Karte. Fast fünfzig Jahre lang stand das da drauf, und wir sind alle immer gut damit gefahren. Postler und Kunden. Wie oft ich allein in meiner aktiven Zeit diesen Spruch auf Karten, Briefkästen und an Häuserwände ge-schrieben habe, kann ich heute gar nicht mehr sagen. Tau-sendfach bestimmt. Denn Menschen sind oft nicht zu Hause. Sehr oft sogar. Und leider auch immer öfter unentschuldigt (siehe dazu auch die Kapitel »Empfänger – die passiven Kun-den« 1 bis 3). Solche Leute treiben sich stattdessen lieber in Kaufhäusern herum, auf Schnäppchensuche, oder laufen in ihrem Fitnesswahn nahe gelegene Wälder hoch und runter, anstatt zu Hause in gemütlicher Atmosphäre auf ihren Zustel-ler zu warten.

Wenn solche Menschen dann nach ihrer Heimkehr diese Benachrichtigungskarte aus ihrem Briefkasten geholt haben, dann hatten sie meist ein schlechtes Gewissen. Sie merkten ganz genau, dass sie etwas falsch gemacht und uns Zustellern das Leben schwergemacht hatten, und das sollten sie auch merken, das war voll beabsichtigt. »Wir haben Sie leider nicht angetroffen«, dieser Spruch hatte über viele Jahre hindurch eine durchaus erzieherische Funktion.

Aber damit ist es nun auch vorbei. Endgültig. Wenn schon altmodische Sendungsverfolgung, dann wenigstens in neuer Verpackung, hat sich die Post zusammen mit ihren Kollegen und Kolleginnen von DHL gedacht. Auf der neuen Benachrichtigungskarte steht nämlich nur noch schwarz auf gelb: **»Ihre Sendung ist da!«** Kurz und bündig und ganz ohne schlechtes Gewissen. Einfach nur: »Ihre Sendung ist da!« Mit Ausrufezeichen. Fröhlich und positiv soll das klingen. »Kundenbindung durch positive Verstärkung der Erwartungshaltung« heißt die neue Masche der Post.

Und wer würde sich da nicht drüber freuen, wenn ein lang erwartetes Paket plötzlich da ist. Es ist zwar eigentlich noch gar nicht da, sondern nur die Karte ist da, aber das übersieht der Kunde schnell in seiner Vorfreude. Und so positiv eingestimmt, überliest er auch vollkommen das Kleingedruckte, das unter der fetten Positivmeldung steht.

Nämlich: »Leider war es heute nicht möglich, Ihnen Ihre Sendung(en) zuzustellen.« Da kriegen Sie die dann doch noch aufs Brot geschmiert, die leisen Vorwürfe und Gewissensbisse. Aber damit Sie nicht nur wissen, was Sie verpasst haben, steht natürlich auch noch da, wenn auch kaum lesbar, wo sich das Suchen nach Ihrem Paket lohnen könnte. Sonst würde es ja auch nichts mit der tatkräftigen Sendungsverfolgung, so ganz ohne Anhaltspunkte. Achten Sie deshalb einfach auf das handschriftliche Kreuzchen: beim Nachbarn z. B., in der nächsten Packstation oder Filiale, vielleicht aber auch bei einem Kiosk im benachbarten Stadtteil oder an irgendeinem anderen unbekannten Ablageort. Wenn der Postbote das Kreuzchen in all seiner Eile nicht komplett vergessen hat. Da geht dann die Schnitzeljagd erst so richtig los.

Wenn Sie alle Hinweise mit Ihrer Leselupe durchgearbeitet haben, ist Ihre positive Vorfreude meist aufgebraucht, und Sie wünschen sich die alten Benachrichtigungskarten zurück, aber die *werden Sie leider nicht mehr antreffen!*

Schalterbeamte haben es schwer 1:

Die häufigsten Fehler am Postschalter

Während Post-Empfänger ja eher passive Menschen sind, also von ihrer Funktion her, gehen ja manche auch aktiv auf die Straße. Diese Postkunden haben ein festes Ziel vor Augen: Sie wollen Briefmarken kaufen oder ein Paket oder ein Päckchen oder ein Einschreiben oder Ähnliches verschicken. Okay, einige wollen auch nur wieder Geld abheben, aber über die speziellen Probleme bei Geldgeschäften müssen Sie später mal in einem Fortsetzungsband dieses Ratgebers nachlesen. Auf jeden Fall suchen alle diese Menschen den Weg in eine Postfiliale. Und viele tun dies ganz offenbar, ohne sich vorher auch nur klarzumachen, dass so eine Postfiliale kein Kindergeburtstag ist. Da geht es eben nicht um Zuckerschlecken. Im Gegenteil, da sind Eigeninitiative und Entgegenkommen gefragt. Ich meine, dass man da gewisse Fähigkeiten mitbringen muss und die richtige Einstellung natürlich. Das ist beides nicht jedem in die Wiege gelegt, dafür muss man was tun als aktiver Postkunde. Sobald Sie das Kapitel »Das richtige Benehmen am Postschalter« gelesen haben, können Sie Ihr persönliches Trainingsprogramm zusammenstellen. Und nach einigen Wochen Übung mit Ihrer Familie oder Arbeitskollegen werden Sie in jeder Postfiliale zum gerngesehenen Gast.

Fehler 1: Sie kommen zu spät.

Seit einer gefühlten Ewigkeit stehen Sie sich schon die Beine in den Bauch, sehen aber nun endlich das Licht am Ende des Tunnels direkt in Ihre Augen scheinen, ja Sie sind regelrecht im Begriff, die Ziellinie zu überqueren – da wird genau vor Ihrer Nase das »Geschlossen«-Schild aufgestellt. Nur ein paar Sekunden früher, und Sie wären Ihre Briefe und Pakete noch alle losgeworden. Das ist ärgerlich. Schade. Niemand bedauert so was mehr als Ihr eigener Postberater. Aber selbst der kann Ihnen aus dieser verfahrenen Situation nicht mehr heraushelfen. Ihm sind genau wie Ihnen die Hände gebunden. Selbst mit bestem Willen darf er Sie weder bedienen noch sonst irgendwie beraten, da würde er sich schlagartig strafbar machen. Denn direkt mit dem zeitlichen Eintritt in den Feierabend wird der Schalterbeamte zur Privatperson und darf an Ihnen keine postdienstlichen Handlungen mehr vornehmen. Das wäre grob fahrlässig und ist daher auch von der Führungsebene der Post gar nicht erwünscht.

Mein Tipp: Nur der frühe Vogel fängt den Wurm!
Lassen Sie den Tag nicht erst zum Abend werden, sondern
nutzen Sie die frühen Morgenstunden für Ihren Postbesuch. Machen Sie sich am besten schon gleich in aller Herr-
gottsfrische auf den Weg, dann sind Sie auch garantiert
einer der Ersten, die sich in der Schlange anstellen dürfen.

Fehler 2: Sie haben sich schlecht auf Ihren Postbesuch vorbereitet.

Das habe ich selbst am eigenen Leibe unzählige Male erlebt.
Immer wieder betreten selbst nette Menschen die Post und
haben überhaupt keine Eigenvorstellung, wie der Bedie-
nungsvorgang für sie persönlich ablaufen soll. Sie denken,
das wird mir der Postdienstleister zur rechten Zeit schon alles
von meinen Lippen ablesen, der ist ja schließlich der Profi.
Solche Menschen verfügen nur über eine sehr schwach ausge-
prägte Eigeninitiative. Sie warten ab und verhalten sich ruhig.
Ein Verhalten, wie man es sich von Passagieren während eines
Flugzeugabsturzes oder einer Schiffskatastrophe durchaus
wünschen würde. Schweigen im Walde ist das vorherr-
schende Lebensgefühl dieser Menschen. Wenn sich zu viele
von diesen sogenannten Defensivkunden gleichzeitig in einer
Schalterhalle aufhalten, dann kommt es zu dem Phänomen
der totalen Stille im Raum. Das hat ja bestimmt jeder schon
mal bei der Post erlebt. Dieses stille Gefühl der schwerelosen
Taubheit, die sich in einem ausbreitet und in der man selbst
mit der leisesten Stecknadel keinen Ton mehr hören kann. So

eine Stille kann ja mal ganz schön sein in unserer lauten Zeit, aber leider verlängert sich damit auch das ohnehin schon recht ausgiebige Warten.

Mein Tipp: Planung ist das halbe Leben!

Einfach in den Tag hinein leben hat man früher, auch unter Beamten, immer wieder gern gemacht. Aber damit kommen Sie heute nicht mehr weiter. Genauso wie Sie nicht ohne eine konkrete Einkaufsliste in den Supermarkt gehen, genauso müssen Sie sich auch auf Ihren Postbesuch vorbereiten – verantwortungsbewusst und gewissenhaft. Das kann sogar spielerisch vonstattengehen. Wie wär's: Bei einem netten Abend im engsten Familienkreis können Sie in Rollenspielen Ihre persönliche Schaltersituation nachstellen (z. B., wann Sie das Paket aus der Plastiktüte holen, in die Sie es vorher minutenlang reingezwängt haben) und lernen so Ihre geheimsten Wünsche angstfrei auszudrücken (z. B., WIE VIELE 55-Cent-Briefmarken Sie kaufen wollen und ob sie selbstklebend sein sollen oder mit Bäumen oder Staatsleuten drauf) und direkt an den richtigen Mann zu bringen.

Fehler 3: Sie sind gesundheitlich angeschlagen.

Eine Krankheit kommt meist nicht über Nacht, sondern kündigt sich, genau wie wir alle, vorher ordnungsgemäß an. Symptome wie Müdigkeit, Hautjucken oder unkontrolliertes Erbrechen kommen langsam und auf leisen Sohlen zu Ihnen nach Hause geschlichen. Und gerade wenn diese Sohlen für die kalte Jahreszeit zu dünn sind, kommen sogar oft auch noch hartnäckige Erkältungssymptome wie Husten, Bronchien oder chronische Nasennebenentzündungen auf Sie zu.

Mit solchen Ausfallerscheinungen haben Sie am Postschalter aber nichts zu suchen! Damit gefährden Sie Leib und Leben der anderen Kunden sowie die gesamte Postbelegschaft, und Sie bringen darüber hinaus mit Ihren Briefen infiziertes und verseuchtes Material in Umlauf. Da hört der Spaß für uns auf. Manch ein chronisch Kranker hat so schon manches Mal den gesamten Postbriefverkehr zum Erliegen gebracht.

Mein Tipp: Lieber jung und gesund als alt und krank!
Nur in einem gesunden Körper geht es einem wirklich gut. »Kurieren Sie sich erst einmal richtig aus und kommen Sie dann wieder«, lautet daher auch oft die gutgemeinte Anweisung des Schalterbeamten an seinen bettlägerigen Kunden. Ich selbst habe diesen Rat in meiner aktiven Dienstzeit mehr als tausendfach weitergegeben. Aber keine Angst. Kein Schalterbeamter lässt Sie mit Ihrer Diagnose einfach im Regen stehen. Postler wurden alle schon in ihrer Frühzeit gründlich im Einmaleins und in der Ersten Hilfe unterrichtet und stehen daher rund um die Uhr und mit Rat und Tat fest an Ihrer Seite.

Fehler 4: Sie sprechen nur wenig Deutsch.

Das geht vielen so heutzutage. Das ist keine Schande. Die deutsche Sprache hat derartig viele Wörter in ihren eigenen

Reihen, dass man sie oft gar nicht alle voneinander unterscheiden und anwenden kann. Mein Vorschlag ist, dass Wörter, die mehrere Wochen lang im gesamten Bundesgebiet nicht mindestens ein Mal laut ausgesprochen worden sind, vollständig aus dem Sprachschatz gestrichen werden. Nur die Besten kommen durch. Aber die müsste man dann auch wenigstens verstehen können. Das sollte die deutsche Post sich bei ihren Kunden zur Bedingung machen. *»Hier Brief, was teuer«,* solche Satzbrocken bekommt man nämlich immer wieder um die Ohren gehauen. Gerade Menschen, die uns aus dem Ausland besuchen oder über komplizierte Migrationswege zu uns gestoßen sind, tun sich manchmal schwer damit. Da bleiben selbst bei genauestem Hinhören immer noch ein paar Restfragen übrig. Was heißt z. B. »Annaschrab«? Diese Frage habe ich mir gestellt, als ein Kunde einen Brief an ein viele tausend Kilometer entferntes Land auf meinen Tisch fallen ließ. Auch nicht einfach zu verstehen auf den ersten Blick: »Alllbre«. Selbst nach zwanzigmaligem Lauschen konnte ich das gesprochene Wort nicht eindeutig zuordnen. »Alllbre.« Erst Wochen später hatte ich plötzlich eine Idee: Der Kunde hatte wahrscheinlich »Eilbrief« gemeint. Ganz bestimmt, das musste das gesuchte Wort mit acht Buchstaben sein. Aber da war es dann natürlich schon zu spät.

Mein Tipp: Weniger ist oft mehr!

Sie müssen nicht das gesamte Spektrum der deutschen Sprache mit Ihren eigenen Worten abdecken. Konzentrieren Sie sich auf Wörter des täglichen Bedarfs und feilen Sie lieber an der richtigen Aussprache herum. »Fischers Fritz

fischt frische Fische, frische Fische fischt Fischers Fritz.«
Das ist ein altes Anglersprichwort, wie man es an allen
deutschsprachigen Binnengewässern häufig vorfindet. Der
Inhalt ist völlig zweitrangig dabei. Genauso gut könnten
Sie stattdessen auch einfach »Petri Heil« sagen. Hier geht es
ausschließlich um die richtige Aussprache und Ihre aktive
Betonung. Wenn Sie das nämlich mehrmals täglich üben
und dasselbe mit Wörtern wie: »Durchgangsbriefverteil-
amt« oder meinem persönlichen Lieblingswort »Postmiet-
verpackungsausgleichstelle« durchführen, dann sind Sie
auf jedem deutschen Postamt immer ein gerngesehener
Gast, und Ihrer Integration sind Tür und Tor weit geöffnet.

Fehler 5: Sie haben es eilig.

Das ist typisch für die heutige Zeit, dass sie kaum noch jemand hat. Tagsüber oft sogar noch weniger als nachts, dafür
Frauen meistens etwas mehr als Männer. Zeitmangel zieht
sich durch alle Altersgruppen und Sozialschichten wie ein ro-
ter Faden über alle Köpfe hinweg. Zeit ist knapp, sagen die einen, und die anderen antworten: Zeit ist Geld. Das ist auf den
ersten Blick überhaupt kein Widerspruch, denn über 75 Prozent der Bundesbürger sind außerdem noch knapp bei Kasse.
    Aber mit so einer hektischen Lebenseinstellung sind Sie bei
der Post auf dem falschen Dampfer gestrandet. Da haben Sie
die Rechnung ohne den Wirt gemacht und ganz umsonst auf
Granit gebissen. »Was lange währt, wird endlich gut«, heißt es
bei uns schon seit Jahrzehnten, und damit sind wir immer gut
gefahren. Auch in stürmischen Zeiten auf rauer See war das

stets unsere Devise. Selbst wenn unsere Kunden überhaupt keine Zeit an den Schalter mitgebracht hatten, wir haben sie uns trotzdem immer für sie genommen. Denn bedenken Sie eins: Briefe sind wie gute Weine und werden mit jedem weiteren Jahr Liegezeit immer noch einen Hauch besser.

Mein Tipp: In der Ruhe liegt die Kraft!

Lassen Sie sich nicht von Ihren eigenen Alltagsproblemen verrückt machen. Sagen Sie sich stattdessen jeden Morgen laut, wenn Sie sich zufällig im Spiegel sehen: »Es wird nie etwas wesentlich heißer gegessen, als es vorher jemand gekocht hat.« So ein Satz hilft. In unnötiger Hektik rauscht Ihr eigenes Leben sonst sehr schnell an Ihnen vorbei, und Sie können ihm nur noch hinterhergucken, bis es sich in seine Einzelteile wie Luft, Stickstoff und kleinste Mikroteilchen aufgelöst hat. Das führt zu nichts!

Besuchen Sie die Post deshalb wirklich nur, wenn Sie die innere Ruhe dazu verspüren. Auf die Art bleiben Sie gelassen und verlassen die Poststelle stets gut erholt und rundum tiefenentspannt bis in Ihre letzte Pore hinein.

Fehler 6: Sie kommen in Begleitung gefährlicher Haustiere.

Grundsätzlich hat die Post nichts gegen Haustiere. Im Gegenteil. Ich persönlich bin z. B. sogar Amateurliebhaber der ersten Stunde und befinde mich im Besitz eines geräumigen 190-Liter Aquariums mit integriertem Luftfilter. Kein Mensch hat etwas dagegen, wenn Sie Ihren Lieblingsfisch im mobilen Reiseaquarium mit auf die Post bringen. Dafür wird Sie niemand verurteilen. Fische sind nämlich von Natur aus gutmütig und würden nie auf anwesende Postkunden losgehen. Andere Tiere aber schon. Kampfhunden z. B. wird das lange Warten in der Schlange oft langweilig. Sie sehnen sich dann nach etwas Abwechslung und Bewegung. Etwas Spektakuläres muss her auf die Schnelle. Kampfhunde brauchen das, sie sind ja von ihrer Natur her Jäger und Sammler.

Auch tropische Papageien können Ruhe und Frieden im Postamt stören. Oft flattern sie aufgeregt über alle Köpfe hinweg und kreischen dabei simple Satzbrocken in einer Lautstärke in den Raum, dass einem das eigene Hören vollständig vergeht.

Mein Tipp: Wissen ist Macht.

Deshalb: Wenn Sie mal etwas nicht wissen sollten, machen Sie sich einfach schlau! Schlagen Sie nach! In der aktuellen Ausgabe der Postdienstverordnung ist alles geregelt, was artgerechte Tierhaltung in einer Post(bank)filiale angeht. Vom Leinenzwang für verhaltensgestörte Junghunde bis hin zu Impfempfehlungen für Edelmarder finden Sie dort alles, was Ihr Liebling für den öffentlichen Dienst mitbringen muss.

Ein kurzer Auszug:
In einer Post(bank)filiale werden z. B. folgende Haustiere bedingungslos akzeptiert:
- Kleinhunde (im angeleinten Zustand)
- Katzen (kastriert und im geschlossenen Behältnis)
- Vögel aller Art (im Käfig und mit gültigem Impfpass)

- Echsen und Krokodile (bis zu 45 cm Länge und einer TÜV-geprüften Zahnsperrklammer)
- Zahme Waschbären (flohfrei und bis zu 15 kg zul. Gesamtgewicht)
- Goldhamster (stubenrein, ansonsten ohne Vorbedingungen)

Nicht akzeptiert werden:
- Schweine (im lebenden Zustand)
- Maultiere jeglicher Art
- Osteuropäische Kampfhunde
- Giftschlangen (selbst wenn sie vorher gründlich entgiftet worden sind)

Fehler 7: Sie sind zu warm oder zu kalt angezogen.

Ob Sommer- oder Winterzeit, die Post ist stets bemüht, die Innentemperatur in ihren Abfertigungsräumen auf stabile 22 Grad Celsius zu halten. 22 Grad plus ist nämlich nachweislich die Temperatur, bei der sich ein mitteleuropäischer Körper am wohlsten in seiner Haut fühlt. Kein Frieren, kein Schwitzen, bei 22 Grad im Schatten kann sich niemand beschweren.

Tut es aber trotzdem. Und zwar öfter, als man denkt. Manch ein Kunde zieht sich nämlich im Winter derartig viel Fell über die Ohren, dass ihm bei 22 Grad Idealschaltertemperatur das Blut in den Adern hochkocht und ihm regelrecht warm dabei wird.

Im Sommer ganz genau dasselbe. Nur andersrum. Auch hier kann eine fehlerhafte Bekleidung zu viel Missmut und

Verdruss unter Postkunden führen. Und wir Postbediensteten müssen es dann wieder ausbaden. Dabei sind sie selber schuld. Sie haben sich eigenhändig in der Kleidung vergriffen und müssen daher auch die alleinige Verantwortung für ihre Körpertemperatur übernehmen.

Mein Tipp: Es gibt kein schlechtes Wetter, nur schlechte Kleidung!

Diese alte Binsenweisheit aus der Landwirtschaft sollten Sie sich immer wieder hinter die Ohren schreiben, bevor Sie zu uns kommen. Also: Übertreiben Sie nicht im Winter. Lassen Sie es ruhig angehen. Ziehen Sie sich gern was Schickes an, aber achten Sie darauf, dass die Kleidung sich Ihnen gegenüber auch immer atmungsaktiv verhält. Festes Schuhwerk ist ebenfalls ein Muss in den kalten Wintermonaten. Achtung: Rutschgefahr! Nehmen Sie sich sicherheitshalber auch immer etwas frische Wäsche zum Wechseln mit zu uns. Gerade bei längeren Wartezeiten kann Ihnen das von Nutzen sein. Wenn Sie dies alles in Ihrer Morgentoilette berücksichtigen, sollten Ihnen unsere 22 Grad Raumwärme nichts mehr anhaben können.

Fehler 8: Sie kommen in der Vorweihnachtszeit zu uns.

Vom 08. September bis einschließlich 24. Dezember herrscht in jedem geordneten Jahreskalender Vorweihnachtszeit. Rund um die Uhr. Betroffen davon sind alle offiziellen Weihnachtsmärkte, Kirchen, Vorgärten vor Einfamilienhäusern und natürlich alle deutschen Post(bank)filialen. Die sogar besonders. Wildfremde Menschen fallen in dieser Zeit mit so einer geballten Wucht über uns her, dass kein Auge mehr auf dem anderen bleibt. »Macht hoch die Tür« singen die Kunden dann aus vollen Kehlen schon lange vor Schalterbeginn. Oder auch das schöne deutsche Adventslied: »Einer geht noch, einer geht noch rein.« Dann wird gedrängelt und geschoben, und es kommt zu körperlichen Ausschreitungen mit Verletzten bis zum zweiten Grad. Wenn Jesus heute wüsste, was er mit seiner frühen Geburt der deutschen Post alles an Überstunden und Krawall beschert hat, dann hätte er sie wahrscheinlich auf unbekannte Zeit verschoben. Abgewartet, bis sich die Lage entspannt hat. Denn was man so von ihm hört, soll er ja schon zu seinen Lebzeiten ein eher angenehmer und ruhiger Vertreter gewesen sein und hätte sich persönlich niemals auf so ein Geschubse im Schalterbereich eingelassen. Dazu war er nämlich viel zu friedlich und vernünftig veranlagt. Dass es mit ihm trotzdem so ein schlimmes Ende genommen hat, kann ich bis heute nicht verstehen.

Mein Tipp: Machen Sie sich frei von äußeren Anlässen!

Weihnachten gut und schön, aber Sie sollten die entsprechenden Geschenke nie auf den letzten Drücker verschicken. Seien Sie stattdessen lieber flexibel wie der Wind. Der bläst Ihnen ja auch nicht immer nur aus einer einzigen Himmelsrichtung um die Ohren. Und der kennt sich nun wirklich aus wie kein Zweiter in der Welt. Probieren Sie also einfach öfter mal was Neues aus. Wer sagt denn, dass Ihnen und Ihren Verwandten und Freunden Lebkuchen und selbstgebackene Weihnachtsplätzchen nicht auch in anderen Jahreszeiten gut bekommen?

Und haben Sie keine falschen Hemmungen, dass Postkunden Sie schief angucken, wenn Sie schon Anfang April Ihr Weihnachtspaket auf die Post bringen. Die sind doch nur neidisch, weil Sie Ihrer Zeit so weit voraus sind. Die haben einfach nicht Ihren Weitblick, leben sinnlos in den Tag hinein und holen sich dann gegen Jahresende lieber ein blaues Auge.

Fehler 9: Sie sind nicht auf dem neuesten Stand.

Auch heute noch kommen fast täglich Kunden an den Postschalter, die keine leiseste Ahnung von den neuen Entwicklungen der Deutschen Post AG haben. Von der großen Reformbewegung Anfang der neunziger Jahre haben sie nie was gehört. Für solche Leute ist die moderne Post ein riesiger böhmischer Wald. Sie glauben, ein E-Postbrief wird mit Tinte und Füller geschrieben, unser Postminister heißt immer noch Schwarz-Schilling, und DHL ist die Nachfolgepartei der FDP. Manche haben von Tuten und Blasen einfach viel zu wenig Ahnung, um sich auszukennen. Vielleicht haben sie die letzten zwanzig Jahre fernab von Zustellbezirken gelebt, irgendwo weit draußen, wo die Welt schon fast am Ende ist und sich selbst Fuchs und Hase nicht mehr richtig wohl fühlen. Oder sie waren vorübergehend aushäusig, vielleicht sogar von unsichtbaren Ufos entführt, und nach ihrer Rückkehr einfach zu erschöpft, um sich mit solchen Dingen zu befassen. Vielleicht haben sie aber auch im Knast eingesessen die ganze Zeit. Unschuldig womöglich. Jahrelang. Niemand wusste, warum. Sie selbst am allerwenigsten. Oder sie hatten doch einfach nur Stress mit ihrem aktuellen Lebenspartner. Streit von morgens bis abends, und haben deshalb viele Jahre lang verbittert in einem guten Schluck Restalkohol zugebracht. So was kommt immer wieder vor in modernen Gesellschaften. Ganz egal, was auch immer der genaue Grund für Ihre Gedächtnislücken sein mag, speziell für Sie habe ich dieses Ratgeberbuch geschrieben.

Mein Tipp: Es ist nie zu spät für einen neuen Anfang!

»Heute ist der erste Tag meines restlichen Lebens.« Das müssen Sie sich immer wieder sagen. Immer wieder geht die Sonne auf! Selbst der dunkelste Tunnel hat immer noch etwas Licht im Schacht! Deshalb arbeiten Sie dieses Buch von Anfang an bis zur allerletzten Seite gründlich durch. Es ist ein Arbeitsbuch, und Sie werden viel arbeiten müssen, wenn Sie irgendwann beim neuesten Stand ankommen wollen. Darum spucken Sie möglichst heute noch in Ihre Hände und legen los! Wenn Ihnen am Ende etwas unklar geblieben ist, dann nehmen Sie das Buch einfach mit in Ihre nächste Post(bank)filiale. Dort wird Ihnen das ansässige Personal die komplizierten Zusammenhänge in aller Ruhe von der Pike auf erklären.

Fehler 10: Sie haben nicht genug Geld dabei.

Wie schade für Sie! Kein Geld, keine Dienstleistung! So ist das nun mal bei der Post. Auch wenn Sie uns natürlich als Mensch an sich sehr viel bedeuten und mitten ins Herz gewachsen sind wie kaum jemand sonst, beim Geld hört der Spaß auf. Da ist Schluss mit lustig. Da kann das Ende der Fahnenstange noch so weit weg sein, irgendwann ist das Maß voll.

Es gibt nämlich immer wieder Kunden, die uns in Geldangelegenheiten austricksen wollen. Die tollsten Sprüche haben die parat: »Ich hab gar kein Geld dabei, weil ich dachte, das geht alles auf Rechnung«, oder: »Ich hab in meiner alten Post(bank)filiale auch immer anschreiben lassen«, oder: »Mein Portemonnaie ist mir gerade geklaut worden, als ich reinkam.«

Tagtäglich hab ich mir solche Ausreden anhören müssen in meiner aktiven Zeit, als ich noch mit beiden Beinen am Schalter saß.

»Was kosten die 55er-Briefmarken, wenn ich gleich zehn Stück nehme?«

Chronischer Geldmangel geht durch alle Bevölkerungsschichten durch. Vom schlecht bezahlten Aushilfsschlachter in der Massentierhaltung bis hin zum Generaldirektor im Elektrofachgeschäft. Niemand trennt sich gern von seinem Ersparten.

Mein Tipp: Zahlen und fröhlich sein!

Denken Sie nicht so viel über Ihr Geld nach. Davon wird es auch nicht mehr. Grübeln Sie nicht und trauern Sie keinem blanken Heller hinterher, der Sie aus freien Stücken verlas-

sen hat. Denken Sie immer daran: Barzahlung entsteht im Kopf! Es ist von amerikanischen Wissenschaftlern nachgewiesen worden, dass jeder dritte Bundesbürger, der längere Zeit über seine Finanzen und andere Wertpapiere nachgegrübelt hat, später unglücklich wurde. Jeder Dritte – das sind in Menschen gerechnet mehrere Millionen Bürger, die knickrig und knauserig Abend für Abend unterm Bett ihren Sparstrumpf nachzählen und nie auf einen grünen Zweig kommen. Das sind dieselben Leute, die uns in die Finanzkrise geritten haben. Ohne Skrupel auf Verluste! Also: Geld ist nicht alles im Leben. Ein schönes Haus, ein flottes Auto und Gesundheit in Hülle und Fülle dürfen Sie auch nicht unterschätzen. Was nützt es Ihnen denn, wenn Sie den ganzen Keller voller Bargeld haben, aber erkältet sind und das ganze Ersparte für teure Hustensäfte draufgeht!

Fehler 11: Sie können nicht so lange stehen.

Haltungsschäden und Rückgratverkrümmungen sind häufig daran schuld. Ich selbst habe es hundertfach mit meinen eigenen Augen beobachten dürfen. Selbst junge und sogar noch jüngere Menschen, die noch in einem durchaus neuwertigen Knochengerüst steckten und deren Wirbelsäulen biegbar und strapazierfähig waren wie die von Regenwürmern im besten Mannesalter hatten oft Schwierigkeiten, wenn sie zu lange auf einer Stelle stehen mussten. Und das müssen sie bei der Post nun mal. Da führt kein Weg drum rum. Da können sie äußerlich noch so jung sein, hier am Schalter trennt sich die Spreu vom Getreide. Als erfahrener Schalterbeamter kriegen Sie mit den Jahren einen geschulten Blick für die Beschwerden ihrer Kunden. Das Auge sieht einfach mit. Es läuft immer nach demselben Muster ab. Das erste Anzeichen: Die Betroffenen fangen an, von einem Fuß auf den anderen zu tippeln (Unruhephase). Dann, keine dreißig Minuten später, drücken sie ihr gesamtes Rückgrat wie einen Flitzebogen mit aller Macht bis zur Bogenlampe durch, zuerst nach hinten, dann wieder vor, dann wieder hin und noch mal her, bis sie irgendwann alle Himmelsrichtungen erreicht haben (akute Schmerzphase). Als langgediente Schalterkraft wissen Sie in solchen Fällen immer sofort: Der Mann/die Frau ist in Schwierigkeiten. Der/die kann nicht lange stehen. Das macht sein/ihr Rücken nicht mit.

Mein Tipp: Erst Yoga und dann ...!

Ein Rücken, der den ganzen Tag lang ausschließlich in gebückter Haltung am Computer herumsitzt und mengenweise Chips und Coca-Cola in sich reinschaufelt, darf sich nicht wundern, wenn er am Schalter plötzlich schlappmacht. Das ist überhaupt kein Wunder, denn das lange Stehen ist er vom Sitzen her einfach nicht gewohnt. Ein Rücken muss sich ab und zu auch mal gerade machen. Das braucht er genauso wie die Luft zum Atmen. Genauso braucht die angeschlagene Wirbelsäule die Bewegung nicht nur an frischer Luft. Darum: Lassen Sie sich von einem geschulten Orthopäden an eine Rückenschule überweisen (zahlt die Krankenkasse) und lernen Sie hier Ihren Rücken erst einmal richtig kennen. Wirbel für Wirbel. Jahrelang haben Sie Ihren Rücken nämlich vernachlässigt, aber jetzt gehen Sie einfach wieder ein Stück auf ihn zu und

Sie werden staunen, was der alles kann. Nach Ihrem bestandenen Rückenschulabschluss und täglich 15 Minuten Yoga kann Ihnen selbst die allerlängste Warteschlange am Postschalter keinen Schrecken mehr einjagen. Das stehen Sie einfach gerade und aufrecht mit einem Lächeln in den Lippen durch.

Kundenbeschwerden

Was Sie selbst dagegen tun können

Postkunden sind ja schon speziell. Ganz anders als Kunden beim Metzger oder bei der Lufthansa. Es sind ja quasi alle Besitzer eines eigenständigen Briefkastens Kunden der Post. Also praktisch alle. Stellen Sie sich das mal vor: So viele Menschen, wie es Postkunden gibt, passen nicht mal in ein Stadion. Genau genommen nicht mal in alle Fußball-Arenen zusammen. Bundesweit! Denn ob sie wollen oder nicht, können alle Menschen von irgendwelchen Leuten, die sie oft nicht mal gut kennen, zum Empfänger von Briefen und Paketen gemacht werden. Einfach so. Aus Jux und Tollerei. Nicht alle unsere Kunden wollen das ja haben, was wir da jeden Morgen (je nachdem, wo Sie wohnen, auch nachmittags oder abends) durch den Schlitz fallen lassen. Und den anderen geht es nicht schnell genug. Bei Paketen ist das fast noch schlimmer. Und an wem lässt man dann wohl die ganze schlechte Laune aus? An uns bei der Post. Da wird sich dann beschwert, bis sich die Balken biegen. Dabei liegt die Schuld fast nie bei den Briefträgern oder Paketboten. Da geht es eher darum, dass Sie sich als Empfänger auch mal an die eigene Nase fassen müssten. Dazu nun in dieser Rubrik ein paar Tipps:

Fallbeispiel 1
Vierköpfige Familie um Päckchen geprellt

Herr K. (38), dessen Name nicht genannt werden will, wohnt mit seiner Frau Annette (32) und seinen beiden Kindern Tobias (10) und Pascal (7) in einer Dreizimmerwohnung im vierten Stockwerk eines Mehrfamilienhauses. Das Haus besitzt keinen eigenen Fahrstuhl. Herr K. ist berufstätig und verlässt jeden Morgen gegen 7.00 Uhr das Haus. Wenn er gegen 17.00 Uhr abends nach getaner Arbeit zurückkehrt, nimmt er seine Post aus dem Briefkasten heraus und mit nach oben in seine Wohnung.

Leider werden Päckchen und Großbriefe, die nicht in den Briefschlitz passen, von dem örtlichen Zusteller einfach oft auf dem Briefkasten abgestellt. Oft sind Herrn K. dadurch schon Sendungen abhandengekommen. Er fragt nun an, ob die Post in so einem Fall nicht haften müsse.

🖐☞ Meine Meinung:

Ich kann Herrn K. wirklich sehr gut verstehen. Wenn man nach einem harten Arbeitstag erschöpft nach Hause kommt, schon wochenlang auf dieses bestimmte Päckchen gewartet hat, dann ist es besonders ärgerlich, wenn es einem auf den letzten Metern kurz vor der Nase weggeschnappt wird.

Drei Dinge springen mir bei näherer Betrachtung dieses Falles sofort ins Auge:

1. **der zu schmale Briefschlitz**
2. **der fehlende Fahrstuhl**
3. **die zu lange Verweildauer der abgestellten Päckchen**

Alle drei Punkte sind keine guten Voraussetzungen für eine sichere Zustellung. Dafür, dass Herr K. berufstätig ist, kann er natürlich nichts. Im besten Fall macht ihm seine Arbeit sogar Spaß und er geht jeden Tag mit Freude dorthin. Niemand will ihm das nehmen. Ich selbst als Allerletzter.

Berufstätigkeit darf aber kein Grund sein, abgelegte Päckchen über mehrere Stunden einfach herrenlos dem ungeschützten Treppenhaus zu überlassen. Mit Päckchen ist es nämlich nicht viel anders als mit anderen Wertgegenständen. Zu lange unbeaufsichtigt, verschwinden sie innerhalb kürzester Zeiträume für immer von der Bildfläche.

Mein Tipp:
Vielleicht könnte Herr K einfach seine Frau Annette (32) bitten, in diesem Fall aktiv zu werden, oder Pascal (7) und Tobias (10) könnten nach der Schule gemeinsam das Päckchen in die sichere Wohnung hinaufschaffen.

Mein zweiter Tipp:

Überall werden inzwischen im Handel kombinierte Einwurfkästen für Briefe und Kleinpakete bis Format 22,5 x 13,4 cm in unterschiedlichen Grautönen und Materialien angeboten. Vom soliden Hartplastebehältnis bis hin zur massiven Stahlkonstruktion ist für jeden Geldbeutel etwas dabei. Garantiert auch für Herrn K. So ein geräumiger Einwurfkasten würde das Problem dann einfach und kostengünstig aus der Welt schaffen.

Denken Sie daran:
Der Einbau eines Fahrstuhls wäre um ein Vielfaches teurer!!

Fallbeispiel 2
Wichtige Briefe einfach unterschlagen

Herr Hans-Peter Schmidt (44, ledig) ist nach zehn Jahren in eine neue Wohnung gezogen. Schon rechtzeitig hatte er bei der Post dafür einen schriftlichen Nachsendeantrag gestellt.

Leider wird ihm die Post dort jedoch nur in sehr seltenen Fällen zugestellt.

Der Grund: Zufällig heißt nämlich die Nachmieterin seiner alten Wohnung auch Schmid, allerdings nur mit d, also ohne t, und mit Vornamen heißt sie Ursula (U. S.) Diese erhält nun die Post von Herrn H.-P. Schmidt (H. P. S.).

Da sich Herr Schmidt mit seiner Nachmieterin, Frau U. Schmid, wegen Unstimmigkeiten bei der Wohnungsübergabe in einem unbefristeten Rechtsstreit befindet und sie nicht mehr miteinander reden, verweigert sie nun die Herausgabe seiner Post. Alle Beschwerden bei der zuständigen Postfiliale haben bisher nichts bewirkt. Was kann Herr H. P. Schmidt jetzt noch tun?

🖝 Meine Meinung:

Ich kann Herrn Schmidt verstehen. Er fühlt sich in seiner jetzigen Wohnung bestimmt noch etwas unwohl. Die neue Umgebung ist ihm noch nicht richtig vertraut, neue Kontakte sind noch nicht geknüpft. Solche Menschen können schnell vereinsamen und depressiv werden. Gerade in einer solchen Grenzsituation ist man ganz besonders auf Briefe und Päckchen von vertrauten Freunden aus der alten Umgebung angewiesen.

Zwei Dinge springen mir bei näherer Betrachtung sofort ins Auge:

1. **die verblüffende Namensähnlichkeit von Nachmieterin und Vormieter**
2. **das schlechte Verhältnis der beiden zueinander**

Örtliche Zusteller sind bei solchen Streitigkeiten oft hin- und hergerissen.

Mein Tipp:

Herr Schmidt sollte in den Konflikt mit seiner Nachmieterin nicht die Post mit hineinziehen, das wäre nicht fair!

Die Post muss sich nämlich ihren Kunden gegenüber strikt neutral verhalten, dazu ist sie vom Gesetzgeber verpflichtet. In guten wie in schlechten Tagen. Herr Schmidt sollte also als Erstes seine Differenzen mit seiner Nachmieterin (U. S.) aus dem Weg räumen, und zwar mit Stumpf und Stiel. Vielleicht könnte er einfach mal wieder auf sie zugehen und den Streit bei einem guten Tropfen endgültig beilegen. Erst wenn das geschehen ist, kann die Post aktiv werden und wird sich einer vernünftigen Lösung bestimmt nicht verschließen!!

Denken Sie immer daran:
Der Klügere gibt nach!

Schalterbeamte haben es schwer 2:

Nachforschungsauftrag auf Leben und Tod

Ich erinnere mich noch so genau an diesen trüben Tag im November, dass ich ihn malen könnte. Es war morgens so gegen halb elf Uhr. Kurz vor der Mittagspause.

Die Schalterhalle war rappelvoll an dem Tag, und wir hatten alle drei Annahmeschalter geöffnet (einer war ein paar Monate vorher wegrationalisiert worden). Sonst schöpfen wir unser komplettes Schalterkontingent immer nur zur besten Weihnachtszeit vollkommen aus. Ich saß an Schalter zwei, also direkt in der Mitte, und steckte in Schwierigkeiten. Es gab Probleme mit meinem Stempelkissen. Es war von innen her völlig ausgetrocknet. Dasselbe Problem hatte ich schon mal ein paar Jahre vorher gehabt, als ich abends bei Dienstschluss vergessen hatte, den Deckel über Nacht zu verschließen. Am nächsten Morgen war das Kissen dann so trocken wie Saharastaub. Oder auch gewöhnlicher Wüstensand, wie er in herkömmlichen Normalwüsten häufig angetroffen wird. Jedenfalls musste ich gleich mehrmals hintereinander den Stempel mit meinen gesamten achtzig Kilogramm Körpergewicht auf das Kissen drücken. Immer wieder und wieder, bis mir fast der Stempelstiel abgebrochen wäre, aber alles ohne Erfolg. Der Aufdruck blieb trotzdem irgendwie blass und farblos, mit bloßem Auge kaum zu erkennen.

»Guten Morgen, ich hätte da mal eine Frage.« Vor mir stand urplötzlich eine ältere, gebückte Frau mit beigefarbenem Schal und einem grünen Damenhut auf dem Kopf. Dunkelgrün. So ein richtig tiefdunkles Tannengrün war es, wie es Jäger oft auf ihrer Jagd benutzen, zur Tarnung, damit sie von wilden Tieren nicht frühzeitig erkannt werden. Die Frau sprach auffallend leise. Fast nicht zu verstehen. Ich hatte den Eindruck, dass das, was sie mir sagen wollte, kein anderer im Raum mitkriegen sollte. Richtig geheimnisvoll wurde mir dabei zumute. Ganz dicht musste ich mein Ohr an die ovale Sprechöffnung legen, damit ich überhaupt irgendwas verstehen konnte.

Sie erzählte dann – weiterhin leise, aber mit durchaus flüssigem Satzbau –, dass ihr Enkel, der Florian, am 02. Dezember zehn Jahre alt werden würde, dass dieser in Augsburg wohnt und von seinen Eltern zu seinem ersten runden Geburtstag ein Kinderaquarium geschenkt bekommen sollte. Ein Kinderaquarium ist von den Ausmaßen her etwas kleiner als ein Erwachsenenaquarium. Kinderaquarien sind überall und ohne jede Altersbeschränkung zu erhalten. Sie, die Oma, hatte ihrem Enkel nun einen besonders niedlichen kleinen Zierfisch gekauft, mit dem sie ihn überraschen wollte. Wo ist das Problem, dachte ich mir, was erzählt sie das alles ausgerechnet mir? Und warum so leise? Was soll diese Geheimniskrämerei?

Aber dann wurde ihre Stimme noch etwas leiser. Ich stand auf, öffnete die metallische Klappe der Sprechöffnung und steckte mein linkes Ohr ganz durch. Auch sie kam mir noch ein gutes Stück entgegen, so dass sie mir nun direkt ins Ohr flüsterte: »Ich habe ihn vor fünf Tagen mit der Post verschickt. In einem Päckchen. Aber das Päckchen ist in Augsburg noch nicht angekommen. Bitte helfen Sie mir!«

Da lag also der Haken in der Suppe! Gleich als ich die Frau zum ersten Mal gesehen hatte, wusste ich ganz genau, dass sich unter ihrem Tarnhut eine Menge Ärger und Schwierigkeiten verbergen würden.

Andererseits war das Ganze natürlich nichts als ganz alltägliche Routine für mich. Normalerweise kommen Nachforschungen dieser Art im Schalteralltag nämlich sogar relativ häufig vor. Es vergeht kaum ein Tag, an dem sich nicht ein Postkunde nach irgendwelchen verschwundenen Briefen oder sonstigen unversicherten Einwurfsendungen erkundigen würde. Das sind ganz normale Recherche-Nachfragen, wie wir Fachleute sie nennen.

Erkundigungen finden bei uns immer in einer freundschaftlichen, herzlichen Atmosphäre statt. Dabei tauschen die Schalterkraft und der Kunde zwanglos plaudernd die nötigen Informationen aus. Solche Nachfragen haben noch nichts mit sogenannten Beschwerden zu tun. Beschwerden haben einen viel offizielleren Charakter als Anfragen. Wenn jemand mit einer Beschwerde die Schalterhalle betritt, merkt man das sofort am veränderten Raumklima. Es wird noch stiller als sowieso schon, und die Temperatur sinkt schlagartig um einige Grade. Beschwerden sind für alle Beteiligten immer sehr unangenehm. Aber wie gesagt, dies hier war nur eine gutgemeinte Anfrage.

»Wie groß war der Fisch denn?«, leitete ich im beruhigenden Ton unser Informationsgespräch ein. Ich brauchte ja erst mal dringend mehr Fakten und Details, damit ich mir ein umfassendes Bild machen konnte.

»Sechseinhalb Zentimeter. Hier, sehen Sie.«

Sie kramte eine Kleintierbroschüre aus ihrer Manteltasche heraus, schlug sie auf und zeigte mir auf Seite 56 unten die Farbabbildung eines sehr bunten, tropischen Zierfisches.

»Der sieht aber wirklich hübsch aus«, sagte ich und las mir schnell die Gebrauchsanweisung durch:

Südamerikanischer Schmetterlingsbuntbarsch.

Gattung: Papiliochromis. Größe: bis zu 7 cm. Heimat: Flüsse in Venezuela und Kolumbien. Ernährung: Fleischfresser. Farbe: grünlichbraun, violett schimmernde Schuppen, leuchtend rote Augen. Sozialverhalten: wohlerzogen, kindergerecht.

»Und den haben Sie einfach in ein Päckchen gesteckt?«, fragte ich fassungslos, aber ohne allzu streng zu sein. Man will seine Kunden ja nicht vergraulen oder in die Arme von privaten Anbietern treiben.

»In eine Tupperdose, 15 mal 10 Zentimeter, und reichlich frisches Wasser habe ich auch noch reingetan, man weiß ja nie, was unterwegs alles passieren kann.«

Da hatte ich den Salat. Einen komplizierten Fall gleich am frühen Morgen. Als wenn ich nicht schon Probleme genug gehabt hätte. Es gibt Tage im Leben, da kommt einfach alles auf einmal. Da ist einfach der Wurm drin. Zuerst die Sache mit dem Stempelkissen, und jetzt musste ich mich auch noch um eingetupperte Meerestiere kümmern.

»Wissen Sie eigentlich, dass das strafbar ist, was Sie da gemacht haben? Kleintiere sind ausdrücklich von der Paketbeförderung ausgeschlossen. Der Fisch hätte nie auf dem Postwege nach Augsburg reisen dürfen.«

Jetzt musste ich es doch auf die harte Tour versuchen. Scharf im Ton und kompromisslos in der Sache. Manchmal funktioniert das am besten. Man knallt dem Kunden ein paar glasklare Fakten um die Ohren, dass ihm das Hören im Halse steckenbleibt, und wartet in aller Seelenruhe auf seine Reaktion. Im günstigsten Fall gibt er dann sofort auf und freut sich, dass die ganze Angelegenheit trotz seines Vergehens nicht noch strafrechtlich verfolgt wird.

Aber die alte Dame ließ sich nicht so leicht aus der Ruhe bringen. Sie war ein harter Brocken. Noch viel härter, als ich auf den ersten Blick gedacht hatte. Äußerlich zwar durch die Jahre etwas krumm geworden und an mehreren Ecken und Enden zerbrechlich, aber innerlich mit allen Wassern gewaschen. Gerade alte Leute sind ja oft sehr zäh, wenn es ernst wird. Die haben schon einiges erlebt in ihrem Leben. Diese war bestimmt schon über fünfundsiebzig, mindestens, hatte schon zwei Weltkriege und den Fall der Berliner Mauer überlebt und war nun wild entschlossen, auch diesen Tiertransport zu einem guten Ende zu bringen.

»Gut, ich habe einen Fehler gemacht, das tut mir leid«, sagte sie kleinlaut. »Aber vielleicht sehen Sie ja trotzdem irgendeine Möglichkeit, herauszufinden, wo das Päckchen abgeblieben sein könnte? Sie haben da doch bestimmt Möglichkeiten. Da machen Sie doch auch immer Werbung mit, dass Sie einen falsch verschickten Brief auch ohne Adresse finden.«

Mit dieser Anspielung war die alte Dame postwendend zum taktischen Überraschungsangriff übergegangen, und ich fand mich in der Defensive wieder. Dabei: Hatte ich mir etwa diesen Werbespot ausgedacht? Oder konnte ich etwas dafür, dass die Leute alles glauben, was ihnen von Plakatwänden herunterlacht? Da würde ich gar nicht erst näher drauf eingehen, das schwor ich mir. Das würde sonst nur eine endlose Diskussion geben, die Warteschlange war ja jetzt schon lang genug. Geschlagene fünfzehn Minuten dauerte nun schon unser Kundengespräch an, und wir waren noch keinen einzigen Zentimeter in der Sache weitergekommen.

Ungeduldig und mit vorwurfsvollen Blicken in den müden Augen, verfolgten die Wartenden unser Gespräch. Auch wenn sie kein einziges Wort unserer Unterhaltung verstehen konnten, so spürte doch jeder von ihnen rein instinktiv, dass es hier um mehr ging als um Briefmarken und Paketgutscheine.

»Schreiben Sie mir hier Ihre Adresse auf. Ich komme heute Abend um 19.30 Uhr bei Ihnen vorbei, dann werde ich sehen, was ich für Sie tun kann«, sagte ich schnell zu ihr, reichte ihr Zettel und Kugelschreiber und verabschiedete mich.

Vor lauter Erleichterung verabschiedete sie sich plötzlich für alle hörbar: »Also dann, bis um halb acht bei mir zu Hause«, und verschwand.

Den ganzen restlichen Arbeitstag hinter meinem angestammten Schalter war ich nicht recht bei der Sache. So einen Fall hatte ich wirklich noch nie gehabt. Immer wieder kreisten meine Gedanken unter Wasser um den kleinen Schmetterlingsbarsch herum. Er tat mir leid, wie er da so einsam und hilflos in fremden und engen Gewässern rumrudern musste. Die alte Frau tat mir natürlich auch leid. Sie hatte es ja wirklich nur gut gemeint, und nun plagten sie von morgens bis abends Schuldgefühle und Sorgen aller Art. Immerhin hatte sie dem nassen Gesellen reichlich Trinkwasser mit auf die Reise in den Süden gegeben und so zumindest teilweise dem Tierschutz Genüge getan. So konnte ihm unter Wasser wenigstens nicht ganz so schnell die Puste ausgehen. Selbst bei überdurchschnittlichem Durst müsste das Wasser für gut eine Woche ausreichen. Es war ja wie gesagt Herbst in Itzehoe, und im Herbst ist die Wasserverdunstung niedriger als im Hochsommer. Zumindest ist das auf der nördlichen Halbkugel so. Von der Südhalbkugel will ich hier gar nicht reden, die hat ihre eigenen Gesetze und Bestimmungen. Im Herbst sitzt ein Fisch auf der Nordhalbkugel darum auch nicht ganz so schnell auf dem Trocknen. Also standen die Chancen vielleicht gar nicht so schlecht, der alten Frau zu helfen. Sie hatte zwar grob fahrlässig gegen sämtliche Tierpostbestimmungen verstoßen, aber ich war trotzdem fest entschlossen, ein gutes Ende herbeizuführen. Mit all meiner Kraft.

Aber jetzt brauchte ich erst mal eine Pause. Ein junger Mann, der als Nächster an der Reihe gewesen wäre, blickte sehr enttäuscht aus der Wäsche, als ich ihm das kleine Schild »Vorübergehend geschlossen« vor die Nase stellte. Aber ich hatte jetzt einfach Wichtigeres zu tun. Ich nahm meine Thermoskanne mit warmem Kakao und das vertrocknete Stempelkissen unter den Arm, und dann schlenderten wir alle gemeinsam in Richtung Gemeinschaftsraum.

Fünf Stunden später, pünktlich um halb acht, stand ich vor der breiten Eingangstür eines acht Stockwerke hohen Hochhauses. Gottwald, Laatz, Kutscherman, in diesem Haus schienen unendlich viele Menschen zu wohnen. Im vierten Stock wurde ich fündig: Hardenstein, Helene. So hatte die ältere Dame mit dem Fisch-Malheur es in Großbuchstaben in bester Schreibschrift auf meinen Zettel geschrieben. Ich drückte die Klingel, und kurz darauf meldete sie sich über eine akustische Gegensprechanlage. Gegensprechanlagen gab es häufig in größeren Gebäudekomplexen rund um Itzehoe, und da ich beruflich viel rumkam, war für mich das Sprechen mit einer Gegensprechanlage alltägliche Routine.

»Ich bin's«, sagte ich kurz. Den ganzen Tag über hatte ich mich in meinen Gedanken mit dem Fischfall beschäftigt, und mir waren viele einzelne Fragen eingefallen, die ich ihr unbedingt stellen musste: »An welchem Tag genau haben Sie das Päckchen bei uns aufgegeben?«, »Welcher Kollege hat Sie bedient?«, »War das Päckchen ausreichend frankiert?«, »Hatten Sie für die Sendung eine Paketverlustzusatzversicherung abgeschlossen? Wenn ja, wann war das? Wenn nein, warum nicht?«, »In welchem Zustand befand sich der Fisch während des gesamten Packverfahrens?« und, und, und. Die Fragen sprudelten nur so aus mir heraus wie Kohlensäure aus einer Brauseflasche. Nach einer Weile schlug sie mir vor, das Gespräch oben in ihrer Wohnung fortzusetzen, und ich hatte nichts dagegen. Ein letztes Mal knackte es ganz gehörig in der Gegensprechanlage, der Summer ertönte, ich stieß die Tür mit einem einzigen Schwung auf und ging dann zum Fahrstuhl rüber, der unten im Flur schon mit offener Tür auf mich gewartet hatte.

Ich habe schon viele verschiedene Wohnungen in meinem Leben gesehen. In meiner gesamten Zustellerzeit bin ich ja viel rum- und vor allem auch reingekommen. Da kriegt man einiges mit. Es gab Wohnungen, die von außen zwar sehr teuer und elegant wirkten, aber wenn man erst mit beiden Beinen drinnen war, dann sah man sofort den zweiten Teil der Medaille. Da war alles nur mit einfachem Sperrmüll vollgestellt. Die Wasserhähne tropften Tag und Nacht, und die Klospülung rauschte, als wenn es kein Morgen mehr gäbe. Ich kenne sie alle: die kleinen Einzimmerwohnungen mit eigener Kochnische auf dem Flur, die hellhörigen Unterkünfte mit dünnen Pappwänden, wo's kein Nagel lange drin aushält, und die abgewrackten Altbauwohnungen mit windigen Fensterrahmen im Wohnzimmer. Aber natürlich kenne ich auch die Luxusklasse. Die Post kommt ja überall hin, zu arm wie zu reich. Vor der Post sind nämlich alle Menschen gleich. Wir machen da keine Unterschiede. Darum kenne ich auch die Penthousewohnungen in bester Lage mit vergoldeten Türklinken und klassischer Begrüßungsmusik. Teure Großvillen mit automatischen Alarmanlagen. Ich ging mit meinen Briefen über teure Perserteppiche und abgelaufene Linoleumböden und trank meinen Kaffee aus teuren Meißener Porzellantassen genauso gut wie aus angeknickten Einwegplastikbechern. Mir macht keiner was vor. Wenn ich eine Wohnung zum ersten Mal betrete, weiß ich innerhalb von nur wenigen Bruchteilen, mit wem ich es zu tun habe.

»Kommen Sie doch herein, möchten Sie einen Kaffee, ein Bier oder lieber Mineralwasser?« Frau Hardenstein hatte in ihrer eigenen Wohnung eine durchaus kräftige und klare Stimme, mit der sie ganz normal in Zimmerlautstärke sprechen konnte. Ganz anders noch als am Vormittag ihr Genuschel bei mir am Schalter. Außerdem hatte sie inzwischen schneeweiße Haare. Ohne Lodenhut und Mantel hätte ich sie fast nicht mehr wiedererkannt.

»Bitte nehmen Sie doch Platz«, sagte sie höflich und verschwand gleich wieder in der Küche.

Das ließ ich mir nicht zweimal sagen und setzte mich direkt in die Mitte auf das bunt eingefasste Ecksofa, das nicht weit vom gegenüberliegenden Farbfernseher weg stand.

»Sehen Sie mal, dies hier ist der kleine Florian«, sagte Helene Hardenstein, als sie zwei große Tassen Kaffee auf dem Tisch abstellte, und drückte mir eins der vielen gerahmten Fotos von der Kommode in die Hand.

»Und der soll schon zehn Jahre alt sein?«, fragte ich verblüfft. »Der sieht aber jünger aus.«

»Auf dem Bild ist er ja auch noch ein Baby, das ist vielleicht ein halbes Jahr nach seiner Geburt aufgenommen worden«, sagte sie und löste damit das Rätsel in Luft auf.

Ich stellte das Bild wieder weg und kam zur Sache. Ich hatte meine Freizeit schließlich auch nicht gestohlen. »Wann genau haben Sie das Päckchen aufgegeben?«

»Letzten Dienstag. So gegen halb zehn.«

»Erinnern Sie sich an den Kollegen, der den Vorgang bearbeitet hat?«

»Es war eine Frau.«

»So eine Blonde mit großen Ohrringen?«

»Nein, eine schwarzhaarige Hübsche mit Brille. Ungefähr vierzig.«

Also Frau Harms. Rita Harms. Das war nämlich die einzige vierzigjährige Kollegin mit Brille und schwarzen Haaren. Dass sie hübsch sein soll, war mir bis dahin noch gar nicht aufgefallen. Wenn ich am Schalter sitze, dann gucke ich nämlich nur nach vorn, da spielt die Musik für mich. Und nicht nach links und rechts, ob da eventuell hübsche Kolleginnen rumsitzen. Aber gleich morgen wollte ich da mal drauf achten.

»Ja, das wär's dann fürs Erste, sagte ich, trank in einem einzigen Zug den letzten Schluck kalten Restkaffee aus und erhob mich.

»Wie geht die Sache denn jetzt weiter?«, fragte Frau Hardenstein, bevor ich richtig aufbrechen konnte.

Diese Frage konnte ich natürlich nicht unbeantwortet lassen, egal, wie weit der Feierabend schon vorangeschritten war. Deshalb setzte ich mich wieder hin. »Da gibt es vieles, was man tun kann«, fing ich an und erzählte ihr dann ausführlich von den zahlreichen Möglichkeiten, die man heute bei der Post hat, eine verschwundene Sendung wieder ans Tageslicht zurückzubringen: z. B. das neuartige Sendungsverfolgungsverfahren, Recherchemöglichkeiten vor Ort, Onlinefahndung in den Paketverteilungsstationen, und, und, und. Alle Möglichkeiten von A bis Z betete ich ihr in alphabetischer Reihenfolge sinngemäß herunter. Als ich dann so gegen halb elf Uhr mit ihr hinaus auf den Flur trat, war sie durchweg beruhigt. Richtiggehend erleichtert war sie. »Dann wird ja vielleicht doch noch alles gut?«, rief sie mir bis zum Aufzugknopf hinterher.« – »Da bin ich mir absolut sicher«, antwortete ich zuversichtlich. »Wäre doch wohl gelacht, wenn wir den Fisch nicht wieder auftauchen lassen könnten!«

Am nächsten Tag setzte ich sofort alle Hebel in Bewegung. Die Sache mit meinem Stempelkissen musste warten. Laut Postvorschrift ist eine lebende Fracht gegenüber einfachen, unlebendigen Sachen immer vorrangig zu behandeln. Und an einem dehydrierten Stempelkissen ist noch kein Mensch gestorben. Also konnte ich frei nach dem Grundsatz der Verhältnismäßigkeit entscheiden, und das hieß für mich ganz klar: Zuerst kommt der Fisch, und dann sehen wir mal weiter.

Als Erstes nahm ich mir meine Kollegin Rita Harms vor. Sie sollte das Päckchen ja schließlich als Letzte angenommen haben. Frau Helene Hardenstein hatte sich geirrt. Sie war gar nicht hübsch.

»Was gibt's«, fragte sie, nachdem ich sie eine Zeitlang wortlos angeguckt hatte.

»Hast du letzten Mittwoch so gegen halb elf ein Päckchen entgegengenommen?«, begann ich.

»Wieso?«

»Ist nicht angekommen.«

»Wo sollte es denn hin?«

»Nach Augsburg, es war ein Fisch drin.«

»Weiß ich nichts von.«

»Denk doch noch mal genau nach.«

»Vielleicht ist es ja im Sammelraum liegen geblieben.«

Schön war Rita Harms zwar nicht, aber dafür war sie klug. Dass ich da nicht von selbst draufgekommen war: der Sammelraum! Dort werden Päckchen und Pakete nämlich tagsüber zwischengelagert, bevor sie dann gegen Abend vom zuständigen Abholer persönlich weiter verbracht werden. Es ist schon öfter mal vorgekommen, dass kleinere Päckchen unabsichtlich zwischen irgendwelche Palettenbretter gerutscht waren und sich dort monatelang hoffnungslos verkeilt hatten. Einmal hatte ein Päckchen zwei Jahre dort gelegen. Handwerker hatten es eines Tages entdeckt, als der gesamte Sammelraum von Grund auf renoviert werden musste.

Aber so viel Zeit hatten wir diesmal nicht, das wusste ich genau. Ganz genau wusste ich das. Die Zeit drängte. Schon in zwei Tagen würde der kleine Florian zehn Jahre alt werden, und da musste, koste es, was es wolle, pünktlich der Fisch auf den Tisch.

Den ganzen Nachmittag über rutschte ich auf meinen beiden Knien auf dem staubigen Steinfußboden rum. Ich hob Paletten an, kroch über Tische und Bänke, aber alles ohne Erfolg. Soweit mein Auge reichte, war kein einziges Päckchen zu sehen. Alles, was ich fand, waren alte und längst ausrangierte Telefonbücher, einen Feldbrief aus dem zweiten Weltkrieg und einen gültigen Dienstausweis eines pensionierten Kollegen. Ich rief Frau Hardenstein an und teilte ihr den aktuellen Zwischenstand mit. Das hatten wir so vereinbart untereinander. Immer den anderen auf dem Laufenden halten.

Kaum aufgelegt, hatte ich urplötzlich eine Idee: Bevor ich anfing, weitere Schritte einzuleiten, musste ich dringend herausfinden, wie lange so ein kleiner Fisch überhaupt in absoluter Dunkelheit und ohne Frischwasserzufuhr überleben konnte. Wenn er schon jetzt keine Chance gehabt hätte, das rettende Ufer zu erreichen, könnten wir uns ab diesem Zeitpunkt den ganzen Zirkus ja auch sparen. Deshalb besuchte ich noch am selben Nachmittag eine Zoohandlung für Kleintierbedarf in der Innenstadt.

»Drei bis vier Tage«, konfrontierte mich der Zoohändler kompromisslos mit seiner Antwort, kaum dass ich gefragt hatte, und schob dann noch ein »Höchstens!« hinterher. Er war ein kleiner, dicker Mann in seinem besten Alter, und in seinem Laden roch es sehr intensiv. So eine bunte Mischung aus frischen Futterresten und tierischen Fäkalien hing überall in der Luft herum. In jeder Ecke standen Käfige mit Kanarienvögeln und Wellensittichen bereit und Aquarien mit einer so wilden Farbenvielfalt, wie man sie im mitteleuropäischen Raum in Zooläden sonst nur ganz selten antreffen kann. Kleine Hasen bereiteten sich auf den Winterschlaf vor und kauten auf Futtermöhren herum, junge Hunde jagten zum Zeitvertreib teure Perserkatzen vor sich her, und Goldhamster drehten so sehr am Rad, dass selbst den Papageien die Worte fehlten. Und die sind ja normalerweise nun wirklich nicht auf den Mund gefallen. Wenn so viele Tiere auf engstem Raum zusammenleben und vierundzwanzig Stunden am Tag Tisch und Bett teilen, dann ist wirklich Stimmung in der Bude. Ich konnte mich gar nicht sattsehen an dem bunten Treiben.

»Also wirklich nur drei bis vier Tage«, fragte ich noch mal nach, weil die Hoffnung ja immer zuletzt stirbt. Vielleicht hatte ich mich ja beim ersten Mal verhört. Hatte ich aber nicht.

Der Zoowärter nickte, und damit waren alle Zweifel ausgeräumt. Also beschloss ich, mich der harten Realität zu stellen und mich ganz und gar der Wahrheit auszusetzen: »Und was, wenn es doch etwas länger dauern sollte, bis der Fisch da wieder rauskommt?«

»Schlecht«, sagte der Mann. »Sehr schlecht.« Der Zoohändler war wirklich erbarmungslos. Auf seiner Schulter saß eine junge Echse und sah abwechselnd zwischen uns hin und her.

»Selbst wenn er ausreichend Futter hätte?« Ich wollte einfach nicht ohne irgendeine positive Nachricht aus dem Laden gehen.

»Fische fühlen sich nur in einer Gruppe wohl«, klärte er mich auf. »Es sind Gemeinschaftswesen. Genau wie Sie und ich. Ohne Kontakt zu Gleichgesinnten gehen sie ein wie eine Primel auf dem Friedhof. Fische könnten sogar eher völlig ohne Wasser überleben als ohne ihre tierischen Mitmenschen.«

Jetzt erinnerte ich mich auch wieder an die Artikelbeschreibung über den Buntbarsch, die ja auch schon das gesellige Sozialverhalten betont hatte. Damit war nun auch meine letzte Hoffnung zu Staub geworden. Niedergeschlagen verabschiedete ich mich schließlich von dem Zoohändler und seinen Haustieren. Ein kleiner Zwergdackel pinkelte mir zum Abschied noch auf den Schuh, aber das war dann auch schon das Letzte, an das ich mich bewusst erinnern kann. Kurz danach verließ ich den Laden.

Draußen musste ich immer wieder darüber nachdenken, was der Tierhändler mir alles erzählt hatte. Er war der Fachmann. Er hatte Ahnung von wilden Tieren, schließlich lebte er seit Jahren mit ihnen unter einem Dach. »Fische brauchen Wasser«, war verkürzt gesagt die Kernbotschaft, die er mir mitgeteilt hatte. Und wenn ich ganz ehrlich bin, hatte ich das irgendwie auch schon vorher geahnt.

Der nächste Tag war der erste Dezember. Ein Tag vor Florians zehntem Geburtstag war das. In unserem morgendlichen Telefonat besprachen wir, wie wir an unserem letzten gemeinsamen Tag vorgehen wollten. Am besten noch einmal alles geben. Alles auf eine Karte setzen. Das machten die Mordermittler im »Tatort« auch immer so. Nie aufgeben, ist da immer die Devise, auch wenn Hopfen und Malz schon in weite Ferne gerückt sind.

Jeder von uns beiden machte Vorschläge – den Postweg zu Fuß ablaufen, in den umliegenden Tierkliniken nachfragen, die Feuerwehr einschalten –, aber am Ende mussten wir doch einsehen, dass sich das alles nicht so einfach durchführen ließ und uns letztlich die Hände gebunden waren. Frustriert legten wir beide auf. Am nächsten Morgen im Dienst brauchte ich dringend als Allererstes ein Erfolgserlebnis. Also nahm ich mir mein Stempelkissen vor. Ein Kollege hatte mir den Tipp gegeben, die Oberfläche mit lauwarmem, entkalktem Wasser aus einem Zerstäuber leicht einzusprühen. Nur ganz leicht (aus ungefähr 30 Zentimetern Entfernung) und ganz oberflächlich. Dadurch könnte man selbst hartnäckigste Verkrustungen zu neuem Leben erwecken. Dankbar nahm ich seinen Ratschlag an. Es funktionierte eigentlich auch ganz gut auf den ersten Eindruck. Der Kollege war wirklich ein alter Fuchs. Die Stempeloberfläche war nach mehreren Behandlungen tatsächlich nicht mehr ganz so trocken. Aber als ich dann wenig später gleich mehrere Briefe nacheinander abgestempelt hatte, da verwischte und verwässerte der Aufdruck derartig, dass er selbst bei allerbestem Willen nicht mehr als Poststempel zu erkennen war. Wenn erst mal der Wurm drin ist, dann geht aber auch wirklich alles schief.

Danach war es auch kein Wunder, dass selbst mein Feierabend nicht mehr zu retten war und ich stattdessen sehr früh und fest einschlief. Ich fing sogar an zu träumen, was ich normalerweise nie tue, und wenn doch, dann sehr selten, und dann auch nur normale alltägliche Dinge und nicht so verrückte Sachen wie in dieser Nacht. Ich träumte nämlich, dass ich mich mit Frau Hardenstein zusammen auf einem Tauchgang befand. Irgendwo, weit außerhalb von Itzehoe, mitten in der Südsee, viele Hundert Meter unterhalb der Wasseroberfläche, wo viele Menschen noch nicht mal im Traum hinkommen. In unserem Traum hatten wir beide sehr moderne Taucherausrüstungen aus Vollgummi an und von der obersten Postebene den Auftrag erhalten, allein schwimmende Fische einzufangen und sie bei guter Führung zurück in ihre Familien zu verbringen. In ihr soziales Umfeld, wo sie hingehörten. Auf dem Meeresgrund lag direkt vor uns in Sichtweite ein altes U-Boot aus dem Zweiten Weltkrieg herum und hatte die äußere Form einer gewaltigen Tupperdose. Wie gesagt, es war ein Traum. Da gelten andere Gesetze. Bei Tageslicht betrachtet, sehe ich solche Dinge aus heutiger Sicht auch eher skeptisch, aber im Traum kann man durchaus schon mal alle fünfe gerade sein lassen. Wir öffneten den Deckel von Hand und sahen uns dann gemeinsam im Bootsinneren um. Überall schwammen hochtechnische Geräte mit Schaltern, Knöpfen und Kabeln auf und ab. In der Kajüte des Kapitäns stand sogar ein alter Eichenschreibtisch, auf dem große Landkarten ausgebreitet waren. Außerdem lag da ein Stempelkissen mit der Aufschrift: »Defekt«, und ein Telefon stand noch daneben. Und dieses Telefon klingelte. Zweimal, dreimal, … bis zu fünf Mal hintereinander.

Zuerst dachte ich: Wer ruft dich denn hier an, mitten unter

Wasser, und dann noch um diese Zeit? Es war ja erst Viertel nach vier und um mich herum noch alles stockdunkel. Wer von deinen Kollegen weiß überhaupt, dass du hier unten bist? Das konnte ja eigentlich keiner wissen außer mir. Und Frau Hardenstein.

Aber ausgerechnet Frau Hardenstein, die eben noch mit mir zusammen gebadet hatte, war am anderen Ende des Telefonhörers wieder aufgetaucht und klang ganz aufgeregt: »Herr Thielke, Herr Thielke«, schrie sie ins Telefon. Immer wieder und wieder. »Herr Thielke, Herr Thielke, wissen Sie, wer wieder da ist?«

Ich muss ganz ehrlich sagen, ich wusste es nicht. Zumindest nicht auf Anhieb. Ich war ja gerade erst am Aufwachen und froh, dass ich inzwischen überhaupt wusste, dass ich da war, wo ich war, und nicht irgendwo anders. Aber wer da jetzt außer mir auch noch war, da hatte ich ehrlich gesagt keinen blassen Schimmer drüber.

»Der Fisch ist da! Der Schmetterlingsbuntbarsch für Florian!« Sie schrie jetzt nicht mehr nur ins Telefon, sondern direkt in mein Ohr hinein vor lauter Wiedersehensfreude. »Und das Beste: Er lebt!! Er lebt!! Zwar noch etwas wackelig auf den Beinen, aber das wird schon wieder.«

Und dann erfuhr ich Stück für Stück die ganze Geschichte: Von ihren Nachbarn, die das Päckchen angenommen hätten, dann aber verreisen mussten, plötzlich und unerwartet, und erst gestern Abend wieder überraschend zurückgekommen waren. Und wie das Päckchen gestern Nacht plötzlich wie durch eine Wunderhand auf dem Küchentisch ihrer Schwiegertochter gelegen hätte. Ungeöffnet und noch voll bei Bewusstsein. Ihre Schwiegertochter hätte den kleinen Racker dann erst mal ordentlich aus seiner Tupperware befreit und in die Badewanne gesetzt zur Erholung. Reichlich Wasser hat sie auch noch dazugegeben.

Jetzt wurde auch ich langsam froh, innerlich. Von außen betrachtet, ließ ich mir nichts anmerken. Einer muss schließlich die Nerven behalten, und ich kann mich auch leise freuen, in meinen eigenen vier Wänden. Vor allen Dingen freute ich mich, dass alle meine Bemühungen doch nicht ganz umsonst gewesen waren. Genau wie auf diesen Werbeplakaten von der Post, die ja auch letzten Endes alles immer wiederfinden. Hartnäckigkeit zahlt sich eben aus im Leben, wenn man nur seinen langen Atem beibehält, wird man belohnt. Für Postbedienstete, diesen heimlichen, aber nicht minder einsatzfreudigen Freunden und Helfern, gilt das natürlich noch mehr als bei einem bundesdurchschnittlichen Normalbürger.

Seit diesem Erlebnis ist der 2. Dezember fest in mein Gedächtnis eingebrannt. Jedes Jahr schicke ich dem kleinen Florian eine Glückwunschkarte. Inzwischen ist er schon 24 Jahre alt und viel größer als damals, aber den Fisch hat er immer noch. Der ist inzwischen fünfzehn Jahre alt und hat damit seine eigenen Lebenserwartungen um Längen überlebt. Ein wirklich zäher Bursche ist das, der eine so lange dunkle Zeit im Päckchen ohne bleibenden Schaden überstanden hat. Davon sollte sich der Zoohändler mal eine Scheibe abschneiden, bevor er wieder haltlose Halbwahrheiten aus seinem Laden herausposaunt.

Ab und zu besuche ich Helene auch heute noch. Ich fahre dann wie immer mit dem Fahrstuhl zu ihr rauf in den vierten Stock, und sie kocht mir dann eine leckere Tasse frisch aufgerösteten Bohnenkaffee.

Postlexikon
A bis D

A

Abfertigung

Bei einer Abfertigung steht der Postkunde im Zentrum des Geschehens. Ist dieser nach dem Abfertigungsvorgang mit dem Verlauf der Abfertigung zufrieden, kann der gesamte Abfertigungsprozess als erfolgreich bezeichnet werden.

Abholung

Aushändigung einer Postsendung, bei der der Postkunde selbst aktiv wird. Mit Eigenengagement begibt er sich auf den Weg zum Postamt, um zu einem vorher vereinbarten Termin die verpasste Sendung abzuholen. Vorausgegangen ist in den meisten Fällen eine unentschuldigte Nichtanwesenheit des Postkunden an seiner Heimatanschrift.

Absender

Kunden, die Wert auf eine ordnungsgemäße Zustellung legen, müssen ihre Identität samt Wohnsitz auf dem Transportgut offenlegen. Der Datenschutz greift hier nicht, weil sie ja keiner zwingt, was zu verschicken. Ausnahmen werden nur bei Ansichtskarten gemacht. Aber da darf sich der Kunde dann auch nicht wundern, wenn die Karte nicht ankommt.

Arbeitsbedingungen

sind je nach Einsatzgebiet der Postdienstleister unterschiedlich. Z. B. muss sich ein Zusteller im ländlichen Gebiet neben Wind und Wetter auch mit rücksichtslosen Traktorfahrern und bissfesten Hunden auseinandersetzen, während der Sachbearbeiter im Postinnendienst mit trockenen Füßen und heiler Hose davonkommt.

Adressfeld

ist eine nach Din-Norm 5008 festgelegte Fläche auf der ersten Seite eines Geschäftsbriefes (1,5 cm vom linken und 4 cm vom oberen Briefrand). Das Adressfeld kann durch das Klarsichtfenster sowohl maschinell als auch von Hand sehr gut gelesen werden.

AZD (Abkürzung für: Alternativer Zustell-Dienst)

Dahinter verbergen sich Zustelldienste, die nicht zur Deutschen Post AG gehören. Sie verfügen nur über sehr geringe Zustellerfahrung, werden unterbezahlt, und sind daher nicht ausreichend motiviert. Leider kann ich diese Dienste nicht empfehlen!

Amtsgeheimnis

Verpflichtung aller Postbediensteten, über dienstliche Angelegenheiten Stillschweigen zu bewahren. Ein verlässlicher vorbeugender Schutz gegen Verletzungen des Amtsgeheimnisses ist das In-Unwissenheit-Lassen der Mitarbeiter. Wer nichts weiß, kann auch nichts ausplaudern.

Ausgabeschalter
s. Schalterbetrieb

B

Bearbeitungsgebühr
Wird fällig, wenn Postkunden Sonderwünsche äußern. Der Postmitarbeiter entscheidet dabei völlig selbständig nach eigenem Ermessen, ob und in welcher Höhe diese Bearbeitungsgebühr erhoben wird.

Beanstandung
Ist mal etwas schiefgelaufen, so hat der Postkunde die Möglichkeit, dem Postmitarbeiter eine Beanstandung vorzutragen. Wichtig ist, dass die Beanstandung immer in höflicher Form und unter Beachtung der Menschenrechte vorgebracht wird.

Beleg
Wird dem Postkunden auf Wunsch am Schalter kostenlos ausgestellt. **Wichtig:** Belege ausreichend lange aufbewahren. Nur so können Sie auch nach zwanzig Jahren noch den Kauf einer Briefmarke einwandfrei nachweisen.

Beratung
ist die Hauptaufgabe der Deutschen Post AG. Zu jeder Tages-

und Nachtzeit können Postkunden ihr Wissen in einer Postfiliale oder im Computerchat auf den neuesten Stand bringen (Info-update). Ein ganz neuer Service der Post ist das aus den USA stammende: »Talk and breakfast« – ein zwangloses Kundenberatungsgespräch in der Postkantine, inklusive einem Buttercroissant und einer kräftigen Tasse Bohnenkaffee.

Brieflaufzeit

Eine Studie hat ergeben, dass die Laufzeit eines Briefes von über zweihundert verschiedenen Faktoren abhängig ist. Auf die meisten davon (92 Prozent) hat die Post keinen direkten Einfluss (Straßensperren, Gegenwind, Terroranschläge). Wenn also ein Brief verspätet eintrifft, kann es durchaus sein, dass Al-Kaida die Finger im Spiel hat.

Briefliegezeit

Wird ein zuzustellender Brief versehentlich im Postamt von einem Mitarbeiter übersehen und liegengelassen, so kommt es zu einer Unterbrechung des Zustellprozesses. Wir sprechen in so einem Fall auch von einer verlängerten Briefliegezeit.

Briefmarke

s. Postwertzeichen

Briefbombe

Unzulässiges Gefahrengut. Briefbomben werden vom Zusteller oft nur schwer erkannt, weil sie erst nach dem Öffnen aktiv werden.

Briefbote

s. Zusteller

Briefgeheimnis

Der Zusteller unterliegt, genauso wie deutsche Ärzte und Apotheker, der Schweigepflicht. Kein einziger Buchstabe eines zugestellten Schriftstücks darf aus seinem Munde ans Licht der Öffentlichkeit oder zu den Nachbarn gelangen.

Briefkasten

ist die kleinste, unbewohnte räumliche Einrichtung der Post mit durchgehender Öffnungszeit. Ob Tag, ob Nacht, Ihr Briefkasten ist immer für Sie da.

Bildpostkarte

Ansichtskarte mit verschiedenen Landschafts- oder Gebäudemotiven. Wird überwiegend als Urlaubskarte verwendet, um daheimgebliebene Freunde und Verwandte zu beeindrucken. Gerade bei Sendungen aus dem Ausland kann die deutsche Post nicht die Zustellung garantieren, ohne internationale Beziehungen zu gefährden.

Briefwaage

Geeichtes Instrument zur Feststellung von krankhaftem Übergewicht bei Briefsendungen.

C

Codierung

Verschlüsselte Zahlen-und-Buchstaben-Kombination, die durch verschieden geformte Striche dargestellt wird. Ein Strichcode kann von einem Speziallesegerät (Scanner) entschlüsselt werden. Postmitarbeiter sollten sich aber trotzdem die verschiedenen Strichcodes gut einprägen und auswendig lernen, damit sie bei einem Stromausfall unabhängig von der Technik bleiben (s. auch Pannenkapitel).

Christel von der Post

Deutsche Sage aus den fünfziger Jahren um eine junge Postzustellerin, die sich in einen Musikanten verliebt und mit ihm zusammen schöne Lieder singt.

Controller

Kommt aus dem Englischen. Controller gibt es bei der Post erst seit der Umwandlung in einen modernen Dienstleistungskonzern. Hauptaufgabengebiet eines Controllers ist das Controlling. Früher, als es noch keine Controller bei der Post gab, lief das Leben zwar ruhiger, aber auch weitgehend uncontrollierter ab.

D

Datenübertragung

Spielt seit Einführung des Computerzeitalters eine immer größer werdende Rolle. Daten werden heute bei der Post nicht mehr von Hand oder durch Hörensagen weitervermittelt, sondern einfach und bequem durch einen Mausklick auf deutsche Datenautobahnen geschickt.

Datenschutz

ist für die Post eine Selbstverständlichkeit. Wo immer Daten sich aufhalten, verdienen sie unseren besonderen Schutz. Da sich Daten oft nur unzureichend selbst schützen können, werden immer häufiger sogenannte Datenschützer eingesetzt. Was für den Graureiher am Baggersee der Tierschützer ist, ist für schutzlose Daten der Datenschützer.

DHL
Überregionaler Paketbringservice der Post. Ob zum Geburtstag, zu Ostern oder zur Hochzeitsfeier, DHL liefert Ihnen garantiert das passende Weihnachtspaket ins Haus. Um ihre vielen Arbeitsplätze zu sichern und die zahlreichen gelben Fahrzeuge mit der roten Aufschrift auf Dauer zu finanzieren, haben die DHL-Firmenchefs (wie der Name schon sagt: Adrian **D**alsey, Larry **H**illblom und Robert **L**ynn) eBay und Amazon erfunden.

Dienst nach Vorschrift
Beliebtes Verfahren unter Postmitarbeitern, Arbeit und Erholung unter einen Hut zu bringen.

Durchgangsbriefverteilamt
Veralteter Begriff aus den siebziger Jahren. Heute: Durchgangsbriefverteilcenter.

Schalterbeamte haben es schwer 3:

Wenn die Schlange im Dunkeln tappt

Pannen gibt es überall auf der ganzen Welt. Tagtäglich brechen sie über uns herein. Pannen sind aus einer globalisierten Welt heutzutage einfach nicht wegzudenken. Da kann sich der Einzelne in seinem Dienst noch so viel Mühe geben, wenn so eine heimtückische Panne auf einen niederprasselt, ist man ohnmächtig. Also nicht unbedingt ohnmächtig bis zur Bewusstlosigkeit, aber auf alle Fälle erst einmal ratlos.

Das Schlimmste an Pannen ist ja, dass sie so plötzlich kommen. Ohne Vorankündigung stellen sie sich einem von einer Sekunde auf die andere in den Weg.

Ich erinnere mich noch ganz genau an den 05. Dezember 1995. Ein Donnerstag war das damals. Ein ganz normaler Donnerstag, wie er Woche für Woche in den besten Familien vorkommt. Ich hatte meinen Schalter wie jeden Morgen pünktlich um acht Uhr aufgeschlossen und wartete auf das, was auf mich zukommen sollte. Der fünfte Dezember liegt ja in unmittelbarer Nähe zum Weihnachtsfest, und daher rechneten wir mit einem sehr starken Besucherstrom an allen vier Schaltern. Drei Kollegen fuhren an diesem Tag mit mir zusammen die Schicht. Es waren die Besten, die von der Itzehoer Postführung an so einem Tag ins Rennen geschickt werden konnten:

Karl-Heinz Schmidt, ein sehr routinierter Kollege mit insgesamt 35 Jahren Diensterfahrung auf dem Buckel. »Der Fuchs« wurde er unter uns Kollegen oft genannt, weil ihm keiner irgendwas vormachen konnte. Selbst in brenzligsten Situationen behielt er seinen kühlen Kopf immer fest in den Händen.

Annette Winnemann, 35 Jahre war sie an diesem Tag alt. Das weiß ich noch so genau, weil sie nämlich an diesem Donnerstag Geburtstag hatte und wir ihr kurz vor Türöffnung noch ein Ständchen gesungen hatten. »Zum Geburtstag viel Glück …« Aber das Glück sollte sie an diesem Tag verlassen. Ansonsten eine robuste Mutter von zwei gesunden Kindern und von Kopf bis Fuß mit beiden Beinen auf der Erde angekommen.

Peter Gärtner, der jüngste in unserem Team. Gerade mal zwanzig Jahre alt, geschieden, hatte er seine Ausbildung erst ein halbes Jahr vorher absolviert. Mit der Gesamtnote 1,6. Ein Intellektueller, wie er in jedem Buche zu finden ist. Hohes Abstraktionsvermögen, theoretisch perfekt, aber mit Schwächen in der Geselligkeit. Ein Einzelgänger, der nicht aus sich heraus wollte. Dazu auch noch unmusikalisch. Bei unserem Ständchen für Annette hat er mit einigen Tönen meilenweit danebengelegen.

Ich selbst war Schichtführer an diesem Tag und daher für mein gesamtes Team verantwortlich. Das ist immer so bei der Post. Der Schichtführer muss für alle den Kopf hinhalten. Erst recht, wenn's wirklich mal hart auf hart kommt und man nicht mehr weiß, wo einem der Kopf steht. Dann ist der Schichtführer der Einzige, der den sinkenden Schalter als Letzter verlassen darf.

Im Grunde hatte sich das Unheil schon heimlich, still und leise in Stellung gebracht: Seit drei Wochen wurden unmittelbar vor unserem Posthauptgebäude umfangreiche Erdbewegungen durchgeführt. Mit vielen Arbeitern, schwerem Gerät und jeder Menge anfallendem Baulärm. Unterirdische Baggerarbeiten schaufelten tagein tagaus, was das Zeug hielt. Gräben wurden tief bis ins Innere der Erdoberfläche hineingebaggert und mannshohe Berge so hoch vor unseren Fenstern aufgetürmt, dass wir schon dachten, unsere Post wär in ein nahegelegenes Mittelgebirge verlegt worden.

Aber es musste wohl alles so sein, denn das Ziel der Arbeiten hatte ja einen guten Zweck: Umfangreiche Kabelverlegungen, wie sie in den neunziger Jahren häufig vorgekommen sind, sollten Strom und neue Fernsehprogramme in die Haushalte bringen. Darum wurden die anfälligen Kabel unter die Erde befördert. Erdkabel liegen nämlich in mehreren Metern Tiefe geschützt und sicher. Unter der Erde fühlen sie sich einfach am wohlsten. Kein Sturm oder Windbruch, noch nicht einmal ein versehentlicher Flugzeugabsturz kann einem Erdkabel etwas anhaben. Insofern sind sie im Prinzip eine gute Idee, und ich will sie auch gar nicht irgendwie nachträglich schlechtmachen.

Aber an diesem Tag (zur Erinnerung: 05. Dezember 1995) ist dann doch etwas passiert, was normalerweise unter Tage nicht passieren sollte. Ein Erdkabel wurde nämlich von einer vorbeifahrenden Baggerschaufel zertrennt und verletzte sich dabei so schwer, dass in unserer gesamten Hauptpost schlagartig der Strom ausfiel. Der gesamte Strom war weg. Wie vom Erdboden verschluckt. Aber es war ja nicht nur der Strom. Es waren ja auch genauso Kühlschrank, elektronischer Rechenschieber (Computer gab's noch nicht in allen Filialen) … Licht. Allein das Licht! Es war auf einmal so schlagartig dunkel, dass man die Hand mit den eigenen Augen nicht mehr sehen konnte. Kein Mensch kann sich die Schwierigkeit vorstellen, was es bedeutet, in absoluter Dunkelheit den Wert einer Briefmarke ermitteln zu müssen. Man sieht ja nichts! Man kann immer nur so ungefähr fühlen. Man hat ja immer geglaubt, die 1-Mark-Marken für Postkarten wären kleiner als die 1,10-Marken für Briefe. Aber das stimmt überhaupt nicht. Da wurden mir in der Dunkelheit auch die Augen geöffnet. Sogar heute noch kann eine 1-Euro-Briefmarke einer 55-Cent-Marke mitunter nicht das Wasser reichen. Aber selbst wenn man ausnahmsweise doch irgendwie die richtige Briefmarke herausgesucht hatte, so schwierig das auch war, dann hatte man in der Dunkelheit immer noch keine Ahnung, von welcher Seite man die anlecken musste. Man sieht ja nichts.

Dass man an manchen Tagen mit besonders hohem Publikumsaufkommen manchmal das Ende einer Warteschlange nicht mehr sehen konnte, das ist ja normal. Das kannten alle, die an diesem Tag Dienst hatten. Aber wenn man nicht mal den Anfang sieht. Wir hatten ja alle überhaupt keine Ahnung, wen wir vor uns hatten. Da hätte sonst wer kommen können! Wenn sich jetzt im schlimmsten Fall vielleicht sogar ein Schwerkrimineller eingeschlichen und unbemerkt zehn

Briefmarken gekauft hätte! Nicht auszudenken. Der hätte da sonst was mit denen anrichten können!

Und außerdem wusste man ja auch überhaupt nicht, was man da während des Bedienungsvorgangs überhaupt in den Händen hielt. Das fühlt sich ja in der Dunkelheit alles völlig gleich an. Das kann man ganz leicht im Experiment eigenhändig überprüfen. Schließen Sie einfach mal kurz beide Augen und nehmen Sie immer abwechselnd verschiedene Haushaltsgegenstände in die Hand. Die können Sie kaum erkennen. Eine gewöhnliche Haushaltsschere ist da auf den ersten Blick erst mal von einem Schraubenzieher kaum zu unterscheiden. Und genauso ist das mit Postanweisungen, Einschreibeformularen oder Postsparbüchern. Ohne vernünftiges Hingucken können Sie die beim besten Willen einfach nicht auseinanderhalten.

Ein Postkunde hat diese Situation schäbig ausgenutzt und mit einer unfrankierten Ansichtskarte aus der Lüneburger Heide fünfhundert D-Mark abgehoben. Das waren natürlich Ausnahmen. Aber wir hatten keine Chance, das zu überprüfen.

Aber nicht nur für uns Postbediensteten war dieser Tag schwierig. Er war für alle Beteiligten keine leichte Zeit. Einige Postkunden hatten extreme Schwierigkeiten damit, den vorgegebenen Diskretionsabstand einzuhalten. Und andere gingen sofort wieder nach Hause und wollten erst zurückkommen, wenn es wieder richtig hell geworden wäre.

Ich weiß noch genau, dass ein etwas älterer Postkunde, während er an meinem Schalter stand, eine unbewusste Körperdrehung nach rechts durchführte. Dadurch hatte er dann keinen mehr vor sich, glaubte prompt, er wäre an der Reihe, und ließ sich von einem in der Nähe stehenden Postkunden bedienen. Die beiden haben dann ihre Briefe ausgetauscht.

Diesen Tag werde ich auf alle Fälle niemals vergessen, denn es war die anstrengendste Dienstschicht, die ich jemals durchlebt habe. Für meine Kollegen natürlich auch, aber ich hatte ja schließlich die alleinige Verantwortung. Zum Glück ist wegen all meiner Verdienste um zufriedene Postkunden trotz der 500 DM Einnahmedefizit mein Kopf nicht gerollt, trotzdem hängt einem so was natürlich nach.

Am nächsten Morgen war der Strom dann plötzlich wieder zurück. Gott sei Dank. Aber von dem Tag an habe ich mir immer eine vollgeladene Taschenlampe mit hinter den Schalter genommen. Für alle Fälle. Wenn dann mal der Strom ausgefallen wäre, hätte ich meinen Dienst einfach ganz bequem unter Tage fortgesetzt.

Kundenbeschwerden

Was Sie selbst dagegen tun können

Fallbeispiel 3
Minderwertige Briefmarken in Umlauf gebracht

Frau Luise H. aus I. beklagt sich, dass ihre Briefmarken oft nicht richtig kleben. Kürzlich hat sie ein Päckchen für 3,90 Euro an ihre Schwiegertochter in Ulm geschickt. Trotz mehrfachen Anleckens der Marken hatten diese nicht richtig gehaftet. Sicherheitshalber klebte sie daher zusätzlich einen Streifen Tesafilm darüber, bevor sie das Päckchen zur Post brachte.

Als ihre Schwiegertochter die Sendung aber in Empfang nahm, waren die Marken verschwunden. Spurlos. Wie vom Winde verweht waren sie. Schließlich und endlich musste sie stolze 4 Euro Nachporto bezahlen, und das nur, weil die Post anscheinend nicht in der Lage war, vernünftige Briefmarken herzustellen.

☞ **Meine Meinung:**

Ich kann Frau H. durchaus verstehen. Die Sache ist wirklich ärgerlich.

Zuerst leckt sie sich an den Marken die Zunge wund, und dann hat ausgerechnet die Schwiegertochter auch noch das kostspielige Nachporto am Hals und kann ihr wieder die Schuld dafür geben.

Zwei Dinge fallen mir in diesem Fall sofort ins Auge.

1. **das unzulässige Überkleben mit einem Tesa-Haft-streifen**
2. **das übertriebene Anlecken der Briefmarkenrückseite**

Beide Vorgänge könnten zu dem Verlust der Postwertzeichen geführt haben.

Ausschweifendes Anlecken führt in vielen Fällen zu einer Überspeichelung der Marke. Menschlicher Speichel enthält in hohem Maße unsichtbare Säuren und Laugen (bis zu 2 Liter auf 500 Personen). Außerdem Bakterien aller Art. Diese können, wenn sie vermehrt und unbegrenzt eingesetzt werden, erheblichen Schaden anrichten. Dadurch kann nämlich die dünne Schicht aus Trockenklebstoff auf der rückseitigen Markenoberfläche ausgewaschen werden, wodurch er seine angeborenen Haftungseigenschaften verliert. Die Ablösung des Postwertzeichens ist die unvermeidliche Folge.

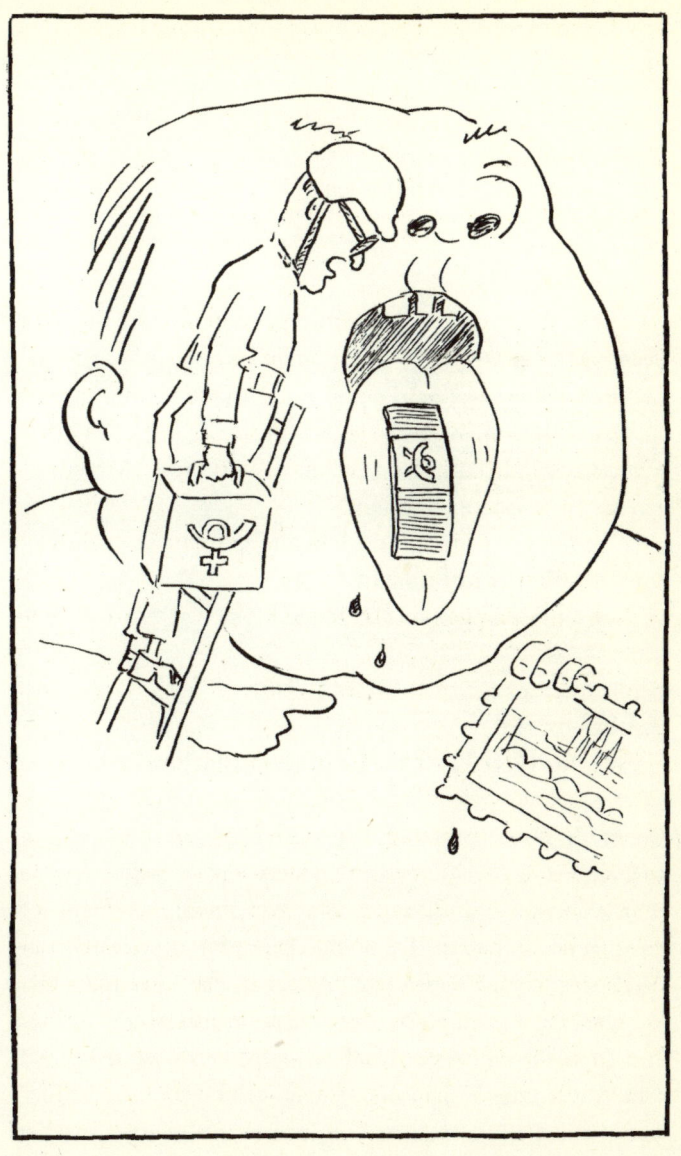

Vorsicht:

Generell sollten Briefmarken nie mit dem Mund angefeuchtet werden. Ein zu hastig eingeleiteter Leckvorgang kann durch scharfkantige Briefmarkenzacken zu schlimmen Verletzungen im Zungenbereich führen.

Denken Sie immer daran:

Suchen Sie den Fehler immer zuerst bei sich selbst!

Fallbeispiel 4
Deutsche Post lässt Liebesheirat platzen

Herr L. (63) aus Ingolstadt hatte sich etwas ganz Besonderes ausgedacht. Er wollte seiner Verlobten aus Hildesheim einen schriftlichen Heiratsantrag machen, und zwar mit einem aufwendigen Schmuckbrief. Sowohl Material wie auch Form und Farbe des Briefes waren nach Angaben des Absenders sehr hochwertig. Ein papierseidener, rosa eingefärbter und mit Spitzenborke verzierter Brief soll es gewesen sein. Die Anschrift war in goldenen Buchstaben gehalten, und frankiert war er mit einer Sondermarke des bekannten griechischen

Gottes Amor. *(Außerdem sind folgende Marken in dieser Serie erschienen: Aphrodite, 55 Cent, Zeus 2 Euro, Neptun, 1,10 Euro, Buddha, u. v. a.)* Seine zukünftige Frau sollte sich zeitlebens an dieses romantische Schriftstück erinnern, vorzugsweise mit Hilfe eines ähnlich aufwendig gestalteten Bilderrahmens, den sie vom Sofa im gemeinsamen Wohnzimmer aus betrachten könnte.

Doch bei Eintreffen war der Lack ab. Herr L. beschuldigt die Post, nicht ordnungsgemäß, sondern rücksichtslos mit dem lebensentscheidenden Brief umgegangen zu sein. Bei seiner Zustellung wies dieser nämlich erhebliche Mängel auf. Verdreckt, an der Unterseite eingerissen, mehrfach geknickt und mit verlaufener Goldschrift. Sogar die Briefmarke war verschwunden, so dass die Adressatin des Heiratsantrages die verunstaltete Sendung auch noch selbst nachträglich mitfinanzieren musste, immerhin mit stolzen 3,30 Euro. An diesem Tag nahm sie von weiteren Hochzeitsplanungen mit Herrn L. Abstand und bleibt hartnäckig bei ihrem Entschluss.

Herr L. (63) macht die Post für sein nun verpfuschtes Rentnerleben verantwortlich.

☞ **Meine Meinung:**

Ich habe großes Verständnis für Herrn L. Mit einer besonderen Überraschung wollte er seine langjährige Verlobte beeindrucken und sie auf diese Weise zu einem schnellen Jawort überreden. Keine Kosten und Mühen hat er gescheut, sie herumzukriegen. Das kann er jetzt natürlich, nach diesem missglückten Versuch, erst einmal vergessen. Die Sache ist, auch wegen seines fortgeschrittenen Alters, wirklich ärgerlich!

Zwei Dinge fallen mir in ihrem Fall besonders auf:

1. die fehlende Briefmarke
2. das empfindliche Material des Schmuckumschlags

Beide Punkte scheinen mir für die geplatzte Hochzeit verantwortlich zu sein.

Zu Punkt 1: Umschlagmaterial aus Seidenpapier ist nicht dazu geeignet, einer Briefmarke dauerhaft und ausreichend Halt zu geben. Der Trockenklebstoff auf der Briefmarkenunterseite geht mit Seidenpapier oft nur eine unzureichende Verbindung ein. Besser geeignet wären in diesem Fall feste Papiersorten oder robuste Pappmaterialien gewesen.

Zu Punkt 2: Eine Postzustellung ist kein Schönwetterausflug. Oft muss die Post auch bei sehr schlechten äußeren Bedingungen (Hagel, Starkregen, Blitzeis, Schneeverwehungen) ausgetragen werden, was Zustellern wie Briefen einiges abverlangt. Da geht es durch Hitze, Schlamm und Baustellenschutt. Dass dabei auch mal Gebrauchsspuren entstehen können, versteht sich von selbst. Ebenso, dass diese Spuren bei einem sensiblen Schmuckbrief eher ins Auge fallen als bei gewöhnlichen Standardbriefen.

Mein Tipp:

Nicht alles so schwarz sehen – am Ende wird meistens doch noch alles gut! In den vielen gemeinsamen Jahren ihrer Brieffreundschaft hat sich die Verlobte bestimmt schon so sehr an ihren Schreibgefährten gewöhnt, dass sie sich bestimmt früher oder später von ihm zum Traualtar führen lässt. Spätestens, wenn eine angehende Alzheimer-Erkrankung den Schleier des Vergessens über die Schnapsidee mit dem Schmuckbriefheiratsantrag gebreitet hat.

Denken Sie immer daran:
Nicht immer klappt's gleich beim ersten Mal. Gut Ding will Weile haben.

Geschichten,
die das Postleben schreibt 1:

Auf Abwegen beim Betriebsausflug

Itzehoe hat 65 000 Einwohner. Eine typische, mittelgroße Stadt in Deutschland. Keine Kleinstadt mehr, wie Eutin, Lauenburg oder Bad Bramstedt, aber zu einer Großstadt reicht es eben auch noch nicht so ganz. Macht ja auch nichts. Passend zur mittelgroßen Stadt war unsere Postdienststelle auch mittelgroß. Die Größe der Postämter wird nämlich schon seit Generationen nach dem Kundenaufkommen in einer Stadt bemessen. Je mehr Einwohner, desto mehr Kunden, sagt eine alte Faustregel. Durchschnittlich besucht nämlich mindestens jeder zweite Bundesbürger eine deutsche Postfiliale mehr als dreimal monatlich. Aufs ganze Kalenderjahr gerechnet, sind es sogar noch einige mehr. Wenn fünfzig Prozent der durchschnittlichen Bundesbürger mehr als vierzigmal innerhalb von zwölf Kalendermonaten bei uns aufkreuzen, dann sprechen wir von einem starken Jahr für die Post. Dann sind wir alle rundum zufrieden, können uns auf die Schulter klopfen und nachts ruhig durchschlafen. Wenn es weniger sind, sterben wir aber auch nicht früher deshalb. Dann heißt es einfach, in die Hände spucken und weitermachen wie bisher. Aber wie gesagt, Itzehoe ist mittelgroß, und darum hatten wir in unserer Post vier mittlere Einzelschalter, einen Aufenthaltsraum, eine mittelgroße Kantine mit alkoholfreien Getränken und einen Ruheraum für erschöpfte Beamte. Das genügte dem Durchschnitt unserer Mitarbeiter vollkommen. Mehr brauchten wir nicht. Wem das nicht reichte, der konnte sich ja versetzen lassen. In größere Städte. Großstädte wie Kiel, Lübeck, oder sogar ganz außer Landes gehen nach Berlin oder Hamburg.

Das Hauptpostamt in Hamburg ist riesengroß. Jedenfalls war es das damals. Im Juni 1991. Da hatten wir nämlich mit unserer gesamten Belegschaft einen Ausflug nach Hamburg gemacht, Betriebsausflug, und neben Hafenrundfahrt, Reeperbahn-Bummel und Michel-Besteigung auch das damalige Postamt 1 besucht. Es war ein Eindruck, den ich mein ganzes Leben lang bisher nie vergessen habe. Und auch in Zukunft werde ich diesen Eindruck nicht vergessen, da bin ich mir sicher. Allein die Ausmaße der damaligen Schalterhalle waren gigantisch. Man muss sich das nur mal vorstellen: Mindestens acht Annahmeschalter durchgehend besetzt. Von acht Uhr morgens bis weit in den Feierabend hinein. Acht Schalter! Die Briefkästen wurden stündlich geleert, und im Aufenthaltsraum stand ein schwarzweißer Monitor bereit, auf dem man die Kundenbewegungen und Machenschaften in der Schalterhalle genauestens mitverfolgen konnte. Sagenhaft! Gar nicht sattsehen konnte ich mich an so viel neuer Technik und überdimensionaler Größe.

Und so kam es dann auch, dass meine zwölf Kollegen die Post schon längst wieder verlassen hatten, als ich immer noch mittendrin und vor Ort war. Ich hatte ja noch längst nicht alles gesehen. Ich war gerade erst in der Briefsortierstation angekommen. Gerade erst seit zwanzig Minuten steckte ich da drin. Aber die meisten Kollegen hatten es eilig. Schon vorher waren einige von ihnen ungeduldig geworden, hatten angefangen zu drängeln und zu nörgeln, wann es denn nun endlich mal weitergehen würde und ob ich mir etwa noch jede Briefmarke einzeln zeigen lassen wollte. Das hätte ich natürlich sehr gern getan, keine Frage, aber ich wusste selbst, dass die Zeit dafür niemals ausgereicht hätte.

Nachdem ich dann mit meinen Hamburger Großpostkollegen die Heimatadressen ausgetauscht und mich von ihnen verabschiedet hatte, verließ auch ich das Postgebäude.

Es war wie gesagt Sommer, und in den neunziger Jahren waren die Sommer noch richtige Sommer, mit Hitzewellen bis zu dreißig Grad. In Großstädten sogar noch etwas mehr. Aber das war kein Problem für mich, als ich auf die Straße trat. Etwas ganz anderes machte mir Sorgen: Meine Gruppe war weg. Meine Ausflugsgruppe. Es war nichts mehr von ihr zu sehen. Keine Spur. Einfach weg waren sie. Verschwunden wie ein Nichtschwimmer im Schwimmerbecken. Irgendwas läuft bei diesen Betriebsausflügen doch meistens schief. Das wusste ich von Reisen aus meiner eigenen Vergangenheit. Da kann man noch so viel planen vorher und sich Gedanken machen, irgendwas hat man doch nicht bedacht in seinem Planspiel. Und genau das geht dann in der Regel auch schief. Ich blickte sorgfältig in alle Richtungen, die Straßen rauf und runter, fragte herumstreunende Passanten, ob sie vielleicht eine zwölfköpfige Gruppe mit gelben Itzehoe-T-Shirts gesehen hätten, aber niemandem waren sie aufgefallen. Sie blieben verschwunden. Die gesamte Belegschaft des Postamts 2 aus Itzehoe-Süd hatte der Hamburger Erdboden noch vor Ausflugende verschluckt. Wie sollte ich sie jemals wiederfinden? Ich kannte mich ja überhaupt nicht aus in Hamburg. Und Handys gab es damals ja auch noch nicht. Die gingen erst ein paar Jahre später ans Netz.

Das Einzige, was ich genau wusste, war, dass es zur Reeperbahn gehen sollte. Und von da aus sollte uns dann unser Reisebus um 16.30 Uhr alle nach Itzehoe zurückfahren. So war es geplant gewesen. Es hatte gerade erst 14.00 Uhr geschlagen, ich hatte also noch etwas Zeit. Die Reeperbahn sollte in der Nähe der Elbe liegen, das hatte ich mal von einem Bekannten gehört, der sich in Hamburg gut auskannte. Und dass da viele Seefahrer und Touristen leben würden und es das größte käufliche Gewerbegebiet in ganz Deutschland wäre, hatte er noch gesagt.

»Wie komme ich denn am schnellsten zur Elbe«, fragte ich einen gepflegten, älteren Mann, der genau in dem Moment an mir vorbeiwanderte. Er war gut gekleidet, ein typischer Hamburger eben, und er machte auch sonst einen Eindruck, als wenn er sich in der Gegend gut auskennen würde. Und das tat er auch. Haargenau hat er mir den Weg beschrieben. Straße für Straße. Keine einzige Abbiegung hat er ausgelassen. Ein echter Profi. Wie ein Fremdenführer zählte er auch noch alle Sehenswürdigkeiten auf, die mir auf meinem Weg begegnen würden. An einem Imbiss machte ich kurz halt, aß eine Krakauer Bratwurst mit reichlich frischem Senf und setzte danach meinen Weg fort.

Großstädte tragen ihren Namen vollkommen zu Recht. Sie heißen nicht umsonst so. Sie sind nämlich wirklich sehr groß. Und unübersichtlich noch dazu. Viele Straßen in Hamburg sind sechsspurig ausgebaut, Ampeln gibt es mehr als genug und Geschäfte, so weit das Auge reicht. Vom Sanitärfachhandel bis hin zu Warenhäusern für Anglerbedarf, überall wird ein buntes Weltstadtangebot präsentiert.

Ich kam an eine große Kreuzung, wo zwei einzelne Großstraßen direkt aufeinandertrafen. Wie war das noch? »Die zweite links«, hatte der Mann gesagt. »Dann wieder rechts, und dann sehen Sie's schon, wenn Sie davorstehen …« Ich versuchte mich zu erinnern. Was sollte ich sehen, wenn ich davorstand? Wovor überhaupt? Das war die Kernfrage. Hätte ich doch bloß mitgeschrieben. Gute fünfhundert Meter war ich inzwischen gegangen, und mir taten die Füße weh. Am Vortag hatte ich mir noch in Itzehoe extra ein Paar nagelneue, schicke Halbschuhe gekauft. Richtige Großstadtschuhe müssen es sein, hatte ich der Schuhverkäuferin gesagt, und sie hatte mir dann diese ockergelben Leichtlaufschuhe rausgesucht. Und die drückten jetzt. Alle beide. Von vorne bis hinten.

Ich kam an einem großen Kirchengebäude vorbei. Bestimmt vierzig Meter hoch. Mindestens. Hatte der alte Mann vielleicht diese Kirche gemeint? Hatte er überhaupt von einer Kirche gesprochen? Ich war mir nicht mehr ganz sicher. Die Kirche konnte ich sehen. Kein Zweifel. Sie war ja groß genug. Aber nur, dass ich sie sehen konnte, war ja noch nicht der Beweis, dass ich hier auch richtig war. Es musste ja die richtige Kirche sein. Es reicht nicht aus, irgendein Gebäude zu sehen, wenn man zufällig davorsteht. Das allein ist noch keine Kunst. Jedes Kleinkind sieht ein Haus, wenn es nur dicht genug dran ist. Das richtige Gebäude muss es sein, darauf kommt es an. Das richtige Gebäude zur richtigen Zeit und möglichst auch noch im richtigen Stadtteil. Nur dann befindet man sich auf dem richtigen Weg.

Ich dachte und dachte und wurde immer unsicherer dabei. Je mehr ich nachdachte, umso weniger wusste ich. Genau wie damals, in meiner schriftlichen Jungzustellerzwischenprüfung. Da hatte ich auch so viel gedacht und gegrübelt, aber es hat mir nichts geholfen. Etwas mehr Fachwissen wäre damals vielleicht hilfreicher gewesen. Inzwischen konnte ich mich tatsächlich an kein einziges Wort mehr erinnern, das mir der ältere Herr mit auf den Weg gegeben hatte. Überall eilten hektische Passanten mit dicken Einkaufstaschen an mir vorüber, Autos rasten, laut hupend, die breitesten Straßen rauf und runter, Ampeln sprangen von Rot auf Grün und schnell wieder zurück.

Es herrschte ein pausenloses, hektisches Kesseltreiben um mich herum. So viel Trubel war ich von Itzehoe nicht gewohnt. Wenn ich wenigstens meinen Kompass dabeigehabt hätte. Wenigstens die grobe Himmelsrichtung bestimmen können, das hätte mir schon geholfen. Aber so lief ich einfach nur durch die Straßen, hin und her und kreuz und quer, bog in kleine Sackgassen ein, kehrte enttäuscht wieder zurück, überquerte Fußgängerampeln, nur weil sie grün waren, steckte ab und zu meine geschundenen Füße in öffentliche Springbrunnen rein. Aber es half alles nichts. Ich hatte nie das Gefühl, dass ich dabei entscheidend vorankam.

Ich musste mir reinen Wein einschenken, das wurde mir immer mehr klar mit der Zeit. Ich hatte mich mit Sack und Pack verlaufen. Das war die reine Wahrheit. Es half alles nichts. Ich musste mir noch einmal von irgendjemandem den Weg erklären lassen. Noch mal alles zurück auf null und ganz von vorn anfangen, wie beim Monopoly. Aber dieses Mal in aller Ruhe. Bloß keine Hektik. Und kein langes Rumlamentieren, nur die wichtigsten Straßen und Fakten. Keine Sehenswürdigkeiten am Rande. Nichts. Nur den direkten Weg. Und dieses Mal würde ich mitschreiben. Das war mir klar. Notizen machen. Alle Straßennamen und strategischen Punkte. Eine richtige Routenplanung sollte es werden, mit Skizze und Kilometerangaben und allem Drum und Dran. Aber nicht hier mitten auf verstopften Kreuzungen, mit lauten Pauken und Trompeten. Für so was braucht man Ruhe. Was ich brauchte, war ein ruhiger Ort und eine feste Schreibunterlage.

An der nächsten Ecke kam ich an einem großen mehrstöckigen Gebäude vorbei, das mir gleich ins Auge sprang. Die Häuserwand zur Straße hin war voll verglast, und alles wirkte sehr hell und freundlich. Die Sonne spiegelte sich hell wie Wunderkerzen in den Scheiben. Ich musste ganz dicht herantreten und meine Stirn fest von außen an die Scheibe pressen, damit ich drinnen überhaupt etwas erkennen konnte. Hinter dem vielen Glas standen Menschen an kleinen Bistrotischen herum und unterhielten sich. Alle wirkten sehr gelöst und entspannt. Ohne äußere Eile tranken sie Tee, aßen Kekse und plauderten friedlich über dies und das. Genau danach hatte ich gesucht. Menschen mit viel Zeit, die mich in aller Ruhe auf den richtigen Weg bringen konnten. Und so ein Bistrotisch aus gediegenem Kiefernholz würde als Schreibunterlage für meine Notizen vollkommen ausreichen.

»Scientology Kirche« las ich auf dem Schild über der glasförmigen Eingangstür. Dann trat ich ein.

Innen wirkte der Eingangsbereich noch viel größer, heller und freundlicher, als ich es schon von draußen durchs Fenster beobachtet hatte. Das Gebäude der Hamburger Hauptpost hatte am Vormittag ja schon einen sehr starken Eindruck auf mich gemacht, aber dieser Raum hier übertraf die Schalterhalle noch um mehrere Längen. Dieser Raum hier war irgendwie etwas ganz Besonderes. Er hatte Atmosphäre wie kaum ein anderer: die weißen, hohen Wände, die schönen farbigen Bilderrahmen, die kreuz und quer daran aufgehängt waren, die breite, durchsichtige Glasfront. So viel helle Freundlichkeit auf einmal schlug mir ins Gesicht, wie ich sie noch nicht einmal 1985 bei meinem Besuch im Postregierungsgebäude in Bonn gesehen hatte. Ich war so angetan, dass ich mein eigentliches Anliegen fast aus den Augen verloren hätte.

»Guten Tag, schön, dass Sie bei uns sind«, begrüßte mich eine schwarzhaarige Frau mit einem sehr freundlichen Lächeln im Gesicht. Sie sah attraktiv aus für ihr Alter und passte sehr gut in die Räume hinein. »Möchten Sie vielleicht eine Tasse Tee?« Ashram, Earl Grey oder grün – gleich drei Sorten Tee wurden mir zur freien Auswahl angeboten. »Warum nicht«, sagte ich, »ich nehme einfach den, den Sie gerade auf dem Herd stehen haben.«

»Gern, wir können uns auch sehr gern dort drüben hinstellen«, sagte sie und zeigte auf einen freien Bistrotisch. »Bin sofort zurück.« Noch einmal lächelte sie mir kräftig entgegen und machte sich dann auf den Weg in die Teeküche.

Da stand ich nun. Auf dem Bistrotisch war ein ganzer Stapel mit Broschüren ausgelegt. »Scientology-Kirche« stand da überall drauf, genau wie über der Eingangstür. *Wieso denn Kirche? Das sieht hier doch gar nicht aus wie in einer Kirche.* Ich kannte bis dahin nur unsere Pauluskirche in Itzehoe. Aber die kannte ich von klein auf. Da war ich schon als ganz junges Kind getauft und Jahre später von Pastor Michels konfirmiert worden. Das war eine richtige Kirche, mit Orgel, Jesuskreuz und allem Drum und Dran. Aber hier? Hier gab es ja noch nicht mal ein anständiges Taufbecken oder ein paar dicke Engel mit Flügeln oder wenigstens ein paar betretene Gesichter, die in der Gegend rumsaßen. Nichts! Im Gegenteil. Die Leute hier waren alle sehr freundlich. Die meisten von ihnen lächelten die ganze Zeit vor sich hin. Einfach so. Vielleicht weil draußen die Sonne schien und bald Feierabend war, oder eine Gehaltserhöhung machte die Runde. Es gibt ja mindestens eine Million Gründe, ein fröhliches Gesicht zu machen.

Als die schwarzhaarige Rassefrau zurückkam, hatte sie nicht nur zwei große Tassen dampfenden Tee und ein Schälchen mit Leichtgebäck dabei, sondern auch noch eine schwere Din-A4-Mappe unter ihren linken Arm geklemmt. Mit der Mappe fiel mir sofort wieder ein, warum ich überhaupt da war: meine Aufzeichnungen. Ich wollte mir doch die Wegführung zur Reeperbahn aufschreiben. Ich sah auf meine Uhr. 14.50 Uhr. Nur noch anderthalb Stunden bis zur Abfahrt nach Itzehoe. Ich hatte keine Zeit mehr zu verschenken.

»Kommen wir gleich zur Sache«, sagte ich, »Ich habe eine wichtige Frage und hoffe, dass Sie mir weiterhelfen können.«

Die Frau lächelte wieder. Sie schien sich in mich verliebt zu haben.

»Ich habe die Orientierung verloren und möchte Sie bitten …«

Weiter kam ich gar nicht, da drückte sie mir auch schon eine volle Tasse Tee in die Hand und sagte: »Schön, das mache ich gern. Viele Menschen kommen zu uns, weil sie ihre Orientierung verloren haben und nicht mehr weiterwissen.«

Da war ich erleichtert. Gott sei Dank, ich war kein Einzelfall. Anscheinend schneiten hier andauernd Leute rein, die sich im Hamburger Stadtverkehr noch nicht so gut auskannten.

»Aber bitte ganz langsam«, sagte ich, »damit ich alles ganz genau mitschreiben kann.« Dann sah ich mich nach Zucker um.

»Das brauchen Sie nicht«, sagte sie mit sanfter Stimme und klappte mein Ringbuch zu. Dann nahm sie mir, ohne zu fragen, den Kugelschreiber aus der Hand und legte ihn auf dem Tisch ab. Genau neben ihre eigene Untertasse. »Zuerst ist es wichtig, dass Sie sich über Ihre Ziele klarwerden.«

»Das bin ich«, sagte ich. »Meine Ziele kenne ich wie kaum eine andere Westentasche auf der Welt.«

»Umso besser«, sagte sie. »Wenn jemand seine Ziele nämlich genau kennt, ist er immer schon ein ganzes Stück weiter im Leben.«

Auf dem gesamten Bistrotisch war kein einziges Stück Würfelzucker zu finden. Noch nicht mal Süßstoff. Vom langen Wandern in der Hitze draußen hatte ich nämlich sehr starken Durst. Also nahm ich einen kräftigen Schluck Tee, zum ersten Mal in meinem Leben ganz ohne Zucker.

»Wissen Sie, viele Menschen kennen ihre Ziele nämlich nicht, sie irren umher und kommen nie wirklich bei sich selbst an.«

Gerade wollte ich sie unterbrechen und ihr sagen, dass der Fall bei mir ganz anders liegen würde, vollständig anders sogar, da bekam ich plötzlich heftige Schmerzen in meinem Inneren. Bohrend und stechend waren sie. Als wenn einem auf einen Schlag sämtliche inneren Organe im Körper zu einem einzigen Punkt zusammengezogen werden und man nur hilflos danebenstehen kann. Genauso fühlte ich mich in dem Moment. Der Schmerz kam aus meinem eigenen Mundbereich heraus, das spürte ich sofort. Ich hätte laut aufschreien können. Die Ursache hierfür war der Tee, den ich so gierig in meine Mundhöhle geschüttet hatte. Er kam frisch vom Herd und war so kochend heiß, dass ich ihn am liebsten sofort wieder ausgespuckt hätte. Meine Zunge brannte wie Feuer, sie glühte von innen, und meine Geschmacksnerven waren bis aufs äußerste gespannt. Ich öffnete meinen Mund und atmete hastig ein und aus. Das brachte etwas Kühlung mit sich, aber der Schmerz blieb trotz alledem noch immer sehr heftig.

»Wissen Sie, viele Menschen denken nur wenig über ihr ganz persönliches Glück nach, haben keine Idee, wie sie es erreichen können ...«

Sie redete und redete, und ich konnte gar nicht mehr richtig zuhören, so sehr war ich mit meinen inneren Verbrennungen beschäftigt. Und während sie immer weiterredete, hatte sie ihre schwarze Mappe aufgeschlagen und ein paar Din-A4-Seiten rausgenommen. Dabei handelte es sich offenbar um irgendeinen Test, das sah ich sofort. Durchnummerierte Fragen standen auf der linken Seite, und rechts musste man die dazu passenden Lösungen ankreuzen. Nur auf den ersten Blick sah das aus wie auf den vielen Anträgen, die Postkunden täglich ausfüllen müssen, zum Beispiel, weil man ihnen die Post woandershin nachschicken soll oder nach ihrem Paket suchen, das angeblich längst angekommen sein müsste. Da gibt's zwar auch so nummerierte Fragen, die man ankreuzen muss, aber hier bei den Kirchenformularen fehlte das Kleingedruckte. Ich wusste sofort Bescheid: Vor mir lag kein Antrag, sondern ein Test.

Vorsichtig stellte die Betreuerin meinen Tee zur Seite und verteilte die Blätter auf dem runden Tisch. Dabei erklärte sie mir ganz genau, warum das Ausfüllen so wichtig für mich wäre und dass es schnell gehen und mir guttun würde und ich danach immer viel, viel schneller an meine Ziele kommen könnte.

Dann zwinkerte sie mir noch zu, sagte: »Ich lasse Sie dann mal einen Moment mit Ihren Fragen allein«, dann drehte sie sich um und ging einfach weg. Genauso schnell, wie sie gekommen war. Zuerst nur bis an das andere Ende des Raumes, dann immer weiter und weiter den langen Gang entlang, bis sie immer kleiner und kleiner wurde und irgendwann vollständig aus meinem Gesichtsfeld verschwunden war.

Da stand ich nun. Ganz allein im weiten Flur. Weit weg von der Reeperbahn und mit einem vierseitigen Test in der Hand. Pro Seite zwanzig Fragen. Ohne irgendwelche technischen Hilfsmittel.

»Der Bauer Willy Heinrichsen will 44 Schweine mit der Bahn zu einer Großschlachterei fahren lassen. In einen einzigen Eisenbahnwaggon passen 150 Schweine. Der gesamte Zug hat 14 Waggons angekoppelt. Die ersten elf Wagen sind voll, im 12. und 13. Waggon befinden sich jeweils die Hälfte der Schweine aus den übrigen Anhängern, und im letzten Abteil sind überhaupt keine Tiere untergebracht. Wie viel Stück Schlachtvieh sind an diesem Tag mit Bus und Bahn unterwegs?« Solche Rechenaufgaben habe ich meine ganze Schulzeit über gehasst. Textaufgaben. Beispiele aus dem täglichen Leben sollten das sein und uns Schülern die Angst vor den nackten Zahlen nehmen. 44 Schweine auf einem Haufen sollte man sich leichter vorstellen können als nur die einfache Zahl 44, ohne Schweine. Nicht $5 \times 5 \times 5 = 125$, sondern fünf Vögel brüten in fünf Nestern und legen dabei noch fünf verschiedene Eier. Mir hat das überhaupt nicht geholfen. Weder Vögel noch Schweine konnten mir den Einstieg in die höhere Mathematik erleichtern. Sehr lange saß ich dann vor einem leeren Blatt Papier, bis ich überhaupt gemerkt hatte, dass ich da was zusammenzählen musste. Ich hatte die ganze Zeit über nur an die armen Tiere gedacht. So eng eingepfercht in vierzehn stinkenden Waggons. Und an Bauer Willy Heinrichsen habe ich gedacht. Was der wohl für ein Mensch war. Ob es ihm wohl schwerfiel, 44 seiner besten Mastschweine auf Reisen zu schicken. Und dann auch noch zum Schlachthof. Nicht irgendwie vierzehn Tage in die Kinderlandverschickung. Nein, sterben sollten sie. Sterben für die Massentierhaltung. Richtig gefühlskalt und abgebrüht kam mir Bauer Heinrichsen vor. Er würde seine Schweine nie wiedersehen, und das machte ihm anscheinend überhaupt nichts aus. Bei der Vorstellung verging mir jegliches Gefühl für Zahlen.

Seit dieser Zeit lehne ich Textrechenaufgaben, die ungefragt an mich herangetragen werden, grundsätzlich ab. Aus ethischen Gründen. Keine einzige Zahl rechne ich heute mehr zugunsten der Massentierhaltung! Anderen Fragen gegenüber bin ich aber durchaus aufgeschlossen.

Zum Glück fühlte sich der Tee inzwischen nicht mehr ganz so heiß an. Das Schlimmste schien überstanden. Nur noch kurze Zeit und ich würde endlich schlucken können.

Erste Frage: »Was glauben Sie, welche Eigenschaften auf Sie am ehesten zutreffen? Kreuzen Sie drei Eigenschaften an: 1. ehrlich, spontan, hilfsbereit, treu, attraktiv, berechnend, kaltherzig, egoistisch.«

Das war einfach. Ohne lange zu überlegen, unterstrich ich die ersten drei Wörter. Ehrlich, spontan und hilfsbereit. So war ich nun mal, und das hatte ich auch schon öfter von Kollegen gehört, dass ich so wäre.

Zweite Frage: »Wenn ich eine Entscheidung treffen muss, ist es am wahrscheinlichsten,

    a. dass ich mich sehr schnell zu etwas entschließe,

    b. dass ich alle Möglichkeiten untersuche, um die beste Wahl zu treffen,

    c. dass ich mich schwer entscheiden kann.«

Die Frage war sogar noch leichter. Die Antwort war natürlich

    d. Wenn ich eine Entscheidung treffen muss, gehe ich im-
       mer zuerst nach Plan b vor. Ich wäge alles ab, prüfe das
       Pro und Contra, dann schlafe ich noch ein paar Nächte
       drüber, und zack, wie aus heiterem Himmel, treffe ich
       meine Entscheidung. Einfach so.

Ich guckte auf die Uhr. Viertel nach drei. Zwei Fragen hatte
ich schon beantwortet. Zwei Fragen in drei Minuten. Das war
kein schlechter Schnitt fürs erste Mal. Wenn das so weiterging
und keine schwierigen Textrechenaufgaben dazukamen,
könnte ich meine Zettel gegen halb vier abgeben. Dann hätte
ich noch eine ganze Stunde Zeit, meinen Bus zu kriegen.

Dritte Frage: »Wenn ich ein Garten wäre, wäre ich am ehesten a: wild und naturbelassen oder b: gepflegt und akkurat.«

Keine Ahnung! Woher sollte ich das wissen? Ich hatte ja
auch nur einen Balkon zu Hause. Auf meinem Balkon sah aber
alles immer gepflegt und akkurat aus, soweit ich das beurtei-
len kann. Also wieder b.

Und so ging das weiter, Fragen im Sekundentakt: Wenn ich
ein Auto wäre, wäre ich ein Ferrari oder Ford Fiesta? Was
würde ich mit einer Million Lottogewinn machen, wenn ich
das Geld dazu hätte, welche drei Dinge würde ich mit auf eine
unbewohnte Insel nehmen. Ich kam gut voran. Die Antworten
machten mir keine großen Schwierigkeiten. Überhaupt nicht.
Bei Frage 17 hatte ich sogar noch alle Zeit der Welt, den Resttee
in einem Rutsch runterzuschlucken. Aber dann, bei Frage 26,
machten meine neuen Schuhe wieder Schwierigkeiten. Sie
drückten. Jetzt sogar schon im Stehen. Ohne irgendwelche äußeren Gewalteinwirkungen durch Nordic Walking oder Jog-

gen. Sie quetschten mir das Blut in den Zehen ab, dass mir fast die Luft dabei wegblieb. Ich hatte sie einfach viel zu eng gekauft. Ich hatte das schon im Schuhgeschäft in Itzehoe gemerkt, beim Anprobieren merkt man das ja selbst immer am besten, wenn's eng wird. Aber die Verkäuferin hatte gemeint, das würde sich mit der Zeit alles geben. Fuß und Schuh müssten erst mal zueinander finden. Sie war schließlich die Fachfrau, darum habe ich ihr vertraut und blind auf sie gehört. Jetzt hatte ich die Quittung dafür bekommen. Ich zog die Schuhe aus und stellte sie neben mir auf dem Fußboden ab.

Frage 28: »Haben Sie schon mal an Selbstmord gedacht?«

Ohne nachzudenken, hatte ich sofort »noch nie« angekreuzt, als ich mich selbst verbessern musste. Doch, ein Mal! Da war's fast so weit. Aber das war schon lange her. Bestimmt schon fünf, sechs Jahre. Damals hatte ich mir mit meinem besten Freund Charly den Film »E. T.« im Kino angesehen. Den Film mit dem Außerirdischen, der wieder nach Hause will, aber nicht weiß, wie. Nach dem Film habe ich mit Charly darüber gesprochen, wie wir uns wohl in so einer Situation verhalten hätten. Also wenn einer von uns beiden auf einem fremden Planeten gelandet und ihm wegen technischer Probleme der Rückflug abgeschnitten wäre. Charly hatte gemeint, er würde sich einfach aufhängen. Egal, wo dran. Irgendwas würde er schon finden. Kurz und schmerzlos. Hauptsache, tot. Er war damals 42 Jahre alt, hatte schon Frau und zwei Kinder, zahlte eine Eigentumswohnung ab und stand kurz vor seiner Beförderung zum Postobersekretär. Er hatte also schon sehr viel in sein Leben auf der Erde investiert, und überhaupt keine Lust, noch mal irgendwo anders wieder ganz von vorne anzufangen. Ich sah das etwas anders. Ich war ja auch damals schon ledig, und ich wohnte zur Miete. Das ist eine völlig andere Ausgangsposition. Ich fühlte mich zwar auch irgendwie der Erde verbunden, aber ich dachte mir, mit etwas Glück könnte ich so einen Neustart vielleicht doch irgendwie hinkriegen.

»Kommen Sie gut voran?« Da war sie wieder. Meine schwarzhaarige Testbegleiterin hatte sich auf leisen Sohlen an meinen Tisch zurückgeschlichen und lächelte mich wieder verliebt an. Es schien ihr ernst zu sein mit mir. Sofort waren meine Selbstmordgedanken verflogen.

»Die Zeit läuft mir weg«, sagte ich. Inzwischen war's nämlich schon kurz vor vier, und auf dem Fragebogen standen bestimmt noch 25 Restfragen. »Ich muss dringend zur Reeperbahn, in einer halben Stunde fährt da mein Bus ab. Kann ich die verbliebenen Fragen zu Hause machen und Ihnen dann zuschicken?«

Meine früheren Lehrer auf der Realschule hätten sich auf so was niemals eingelassen. Eine Klassenarbeit musste immer in der vorgegebenen Zeit fertiggestellt und abgegeben werden. Wenn nicht, wurden die restlichen Aufgaben einfach mit sechs bewertet. Da gab es keine Gnade von der Schulbehörde. Aber die Scientology-Kirche war Gott sei Dank keine Schule, sondern eine Kirche. Und in einer Kirche werden nun mal Nächstenliebe und Erbarmen besonders groß geschrieben.

»Kein Problem«, sagte die Kirchenfrau und notierte meine Anschrift.

»Ist das weit bis zur Reeperbahn?«

Zehn nach vier stand auf allen Uhren um mich herum, ich hatte also nur noch zwanzig Minuten Zeit.

»Zu Fuß ist es zu weit«, sagte sie, »aber ich kann Ihnen gern ein Taxi rufen.«

Jetzt erst bemerkte ich, wie mir der Tee auf die Blase geschlagen war. Es half alles nichts, ich musste über kurz oder lang auf die Toilette gehen. »Ja, machen Sie das«, sagte ich schon halb auf dem Sprung und stopfte die Fragebögen in meine rechte innere Jackentasche. Als ich die Toilette wieder verließ, hörte ich von der Straße her schon das Hupen vom Taxi. Jetzt aber schnell!! Ich rannte raus, riss die Autotür auf, da rief hinter mir die vertraute Frauenstimme: »Herr Thielke, Herr Thielke …« Ich drehte mich um. Meine Kontaktfrau war hinter mir hergerannt. Was wollte die denn noch von mir? Sie hatte irgendwas in ihrer Hand und wedelte damit. »Ihre Schuhe, Herr Thielke, Ihre Schuhe!«

Um diese Zeit war auf allen Hamburger Stadtgebietsstraßen jede Menge los. Der Berufsverkehr hatte gerade mit voller Wucht eingesetzt und verstopfte selbst die breitesten und vierspurigsten Straßen. Wie zwei Weinbergschnecken beim Geschicklichkeitsrennen glitten wir ganz bedächtig von Ampel zu Ampel. Und jeden einzelnen Meter musste ich teuer bezahlen. So ein Taxameter läuft ununterbrochen weiter, egal, ob man steht oder fährt. Das nimmt keine Rücksicht. Wahrscheinlich stiegen die Kollegen jetzt gerade in den Bus ein. Die waren bestimmt alle pünktlich. Wenn ich Glück hatte, warteten sie vielleicht noch ein paar Minuten auf mich. Fünf bis sieben Minuten vielleicht. Höchstens acht. Warten war noch nie die Stärke meiner Kollegen gewesen. Schon am Vormittag in der Hauptpost hatten sie mich ja einfach wie ein weggeworfenes Findelkind hängenlassen. Schritttempo. Mehr war nicht drin an diesem heißen Junitag. Die Tachonadel zeigte gar nichts an. Wie Blei lag sie auf der Null und rührte sich nicht vom Fleck. Schritttempo ist für Tachonadeln nicht der Rede wert. Da hätte ich auch genauso gut zu Fuß gehen können, das wäre billiger, dachte ich mir so zum Zeitvertreib. Aussteigen, nebenhergehen und später die gegangene Zeit von der Endabrechnung abziehen. Im Stau denkt man manchmal über Dinge nach, die einem bei flüssigem Verkehr nie in den Sinn kommen würden.

Punkt halb fünf las ich auf der großen Kirchturmuhr. »So, wir sind da. Hier ist die Reeperbahn«, sagte der Fahrer. Wo genau wollen Sie denn da hin?« Ich hatte keine Ahnung, wohin. Er war doch der Fachmann und kannte sich angeblich gut aus. Ich dachte Reeperbahn ist Reeperbahn, ich hatte mir das Ganze auch gar nicht so groß vorgestellt. Überall Leute auf den Bürgersteigen, große Geschäfte, bunte Leuchtreklamen, aber wo stand hier ein Bus mit Itzehoer Kennzeichen? Wahrscheinlich war sowieso schon alles zu spät.

So was Ärgerliches! Ich hatte alles gegeben. Achtundzwanzig Fragen hatte ich durchweg richtig beantwortet, in persönlicher Rekordzeit, und trotzdem hatte alles nichts genützt. Ich hatte meinen Bus verpasst. So kurz vorm Ziel. Genauso wie damals E. T. Genauso muss der sich auch gefühlt haben, als sich sein Raumschiff vor seinen Augen in Luft aufgelöst hatte.

Es gibt Tage im Leben, dachte ich, auf die könnte man gut und gerne verzichten. An denen läuft einfach alles schief. Von Anfang an. Gleich morgens nach dem Aufstehen geht es meist schon los. Manchmal sogar noch früher. Noch bevor der erste Vogel draußen überhaupt angefangen hat sich zu räuspern, ist bei Ihnen drinnen schon jede Menge Sand im Getriebe. Wenn einem z. B. gleich morgens als Erstes die Zahnbürste abbricht. Noch bevor man überhaupt damit irgendwas geputzt hat. Einfach nur durchs Zahnpasta Aufdrücken. Knack, durch und ab ins Waschbecken. Das wäre z. B. so ein Zeichen. Oder wenn Ihr Radiowecker ein Lied spielt, das Sie selbst niemals singen würden. Oder Ihr Klo verstopft ohne äußeren Anlass. Wenn so was passiert, dann sollten Sie gleich wieder ab zurück ins Bett. Nicht mehr lange auf bessere Zeiten warten, sofort hinlegen und weiterschlafen. Solche Tage werden in der Regel nämlich nicht viel besser. Der Wurm, der da drin ist, zieht so schnell nicht mehr aus.

Es gibt aber auch Tage, die sind aus ganz anderem Holz geschnitzt, dachte ich so vor mich hin, als ich mit meinem Taxi von einem Schaufenster zum anderen fuhr. Solche Tage fangen erst gut an, fallen dann aber deutlich ab. Manchmal auch erst gegen späten Nachmittag. Erst dann verlieren sie den Boden unter den Füßen. Wenn es schon zu spät ist, um sich wieder hinzulegen, weil man inzwischen unterwegs ist auf Betriebsausflug in der Hansestadt Hamburg.

Während ich so vor mich hin grübelte über das Leben und all die vielen anderen Dinge, fuhr der Taxifahrer mit mir einfach immer weiter die Reeperbahn rauf und runter. Es gibt Straßen, an denen kann man sich gar nicht ausreichend sattsehen.

Plötzlich und unerwartet fing der Taxifahrer an laut zu fluchen. »So ein Idiot!«, schrie er aus vollem Halse in mein linkes Ohr, und drückte immer wieder lange und mit aller Kraft auf seine Autohupe.

Ich wurde wach und wusste zuerst überhaupt nicht, was los war. Dann dachte ich, er redet mit mir, und ich wollte gerade anfangen mich zu verteidigen, da sah ich auch schon, was passiert war. Ein großer Bus hatte sich quer vor unser Taxi geschoben und uns damit vom restlichen Berufsverkehr abgeschnitten. Gerade als der Taxifahrer so richtig Gas geben wollte, um noch rechtzeitig eine grüne Ampel zu erreichen, gerade da, in genau dem Moment, hatte der Bus auf unsere Fahrbahn rübergezogen und war da stehen geblieben. Und da stand er nun. Wie angewurzelt. Der Taxifahrer atmete kräftig aus. Der Reisebus ragte jetzt wie eine Wand in unsere Fahrbahn rein. Ich sah an ihr hoch. Aus den Busfensterscheiben guckten die Fahrgäste auf uns runter. Sie hatten alle gelbe T-Shirts an. Genau wie ich, dachte ich mir. Einer winkte zu mir herunter. Und genau im selben Moment erkannte ich ihn. Das war Manni! Mein Kollege Manfred Ebershagen aus Schüttorf. Jetzt kamen auch die anderen alle ans Fenster gelaufen. Das waren meine eigenen Leute! Meine Jungs aus meiner Post saßen in meinem Bus und fuhren zurück in mein Itzehoe.

Wir hatten es wieder mal geschafft. Selbst die widrigsten Umstände konnten uns an diesem Tag nicht auseinanderbringen Dafür waren wir eine viel zu eingeschworene Gemeinde. Gemeinsam und mit vereinten Kräften hatten wir diesen Tag zu einem erfolgreichen und glücklichen Ende geführt. Und genau das hab ich dann auch meiner Verbindungsfrau von der Scientology-Kirche zurückgeschrieben und die wenigen Restfragen inklusive Antworten als Anlage dazugefügt. Seitdem habe ich aber noch nichts wieder von ihr gehört.

Lebenshilfe am Postschalter:

Immer das passende Sprichwort
auf den Lippen

»Wer nicht wagt, der nicht gewinnt.« Nach diesem schönen
alten Sprichwort habe ich eigentlich meinen gesamten beruflichen Werdegang ausgerichtet. Und ich bin meistens auch
gut gefahren damit. Immer, wenn irgendeine brenzlige Situation vor mir heraufbeschworen wurde, dann habe ich mir
diese Spruchweisheit einfach kurz vor Augen geführt, und
dann bin ich nach vorn marschiert. Volle Pulle und volles Risiko. Sprichwörter helfen einem ja oft weiter im Alltag, erst
recht hinter so einem Schalter, vor dem sich tagein tagaus
zahlreiche Menschenschlangen einfinden, die alle mit ihren
alltäglichen Wünschen und Problemen auf mich zukommen.
Oder draußen in der Außenwelt, wo wir ihnen dauernd die
Briefe hinterhertragen. Während andere Ratschläge und
Haushaltstipps schon längst ihren Dienst quittiert haben,

sind Sprichwörter immer noch aktiv und stehen einem mit Rat und Tat zur Seite.

Wie viele Sprichwörter ich in meiner gesamten beruflichen Laufbahn wohl schon gehört habe, das kann ich heute gar nicht mehr so genau sagen. Wahrscheinlich über tausend Stück. Und das sind nur die Wichtigsten. Als Postbeauftragter hat man viel mit Menschen zu tun. Ob am Schalter oder als freier Zusteller von Tür zu Tür, überall begegnet einem eine Artenvielfalt, von denen die meisten auch sofort nach ihrem Erscheinen einen passenden Spruch auf Lager haben.

»Glück im Unglück«, begrüßte mich z. B. mal ein ländlicher Dorfbewohner, als ich direkt vor seinem Haus in einer riesigen Schlammpfütze den Halt verloren und mit Kind und Kegel baden gegangen war. Platsch machte das, und von einer Sekunde auf die andere sah ich aus wie ein Schwein in bester ökologischer Freilufthaltung. Das war das Unglück. Das muss er gemeint haben. Noch im selben Augenblick war mir das klargeworden. Noch während ich da lag und nach meiner Dienstmütze tauchte. Aber was war jetzt das Glück im Unglück gewesen, von dem der Mann gesprochen hatte? Das konnte ich auf Anhieb noch nicht enträtseln. Da musste mir der Hausbewohner erst später auf die Sprünge helfen, nachdem ich wieder festen Boden unter den Füßen hatte und auf meinen eigenen vor ihm stand.

Es war der Mahnbescheid, den ich ihm zuzustellen hatte, an dem Tag. Ein offizieller Mahnbescheid erster Klasse war das. Das war sein Glück gewesen. Dieser Bescheid war nämlich mit mir zusammen nach dem freien Fall im Dreck gelandet und hatte dabei Form, Farbe und damit natürlich auch jede Chance auf eine ordnungsgemäße Zustellung verloren. Unzustellbar durch Unkenntlichkeit hieß das bei uns immer in so einem Fall. Es war ein offizieller Mahnbescheid gewesen, als Einschreiben mit Rückschein gedacht, inklusive gerichtlicher Verfügung und der Androhung eines späteren Gefängnisaufenthalts bei Nichterfüllung. Da hatte der Mann wirklich Glück gehabt. Ein richtig schweres Schreiben war das nämlich, wie man es auf dem Lande nur selten antrifft und mit dem ich normalerweise auch immer sehr behutsam und fürsorglich umgegangen bin. Aber was sollte ich machen? Solche Tage gibt es. Immer und überall. Nicht jeder Tag meint es immer automatisch nur gut mit einem.

Eigentlich hätte das passende Sprichwort von dem Mann in dieser Situation aber lauten müssen: »Des einen Glück ist des anderen Unglück«, das hätte besser gepasst. Oder auch: »Des einen Glück ist des anderen Schmied.« Diese Sprichwörter wären der Situation einfach viel besser gerecht geworden als »Glück im Unglück«. Denn ich selbst hatte ja gar kein Glück gehabt an dem Tag. Den ganzen Tag lang nicht. Weder morgens noch abends. Es wurde und wurde einfach nicht besser. Richtiges Glück hatte nur er gehabt, ausschließlich. Da hatte er sich also in seiner Vorfreude einfach im Sprichwort vertan. So was kann vorkommen, gerade wenn man so aufgeregt ist. Da kann man schon froh sein, wenn einem auf die Schnelle überhaupt irgendein Sprichwort einfällt.

»Das Kind mit dem Bade ausschütten«, »Der Fisch stinkt vom Kopf her«, »Das Leben ist kein Ponyhof«, »Der Appetit kommt beim Essen« – alles Sprichwörter, die mit dem Buchstaben D anfangen, aber inhaltlich vollkommen voneinander abweichen. Man hört sie trotzdem immer wieder gern. »Der frühe Vogel fängt den Wurm« passt da auch noch ganz gut rein in diese Reihe.

»Gut Ding will Weile haben.« Diese Lebensweisheit galt

bei der Post viele Jahre als Lebensmotto schlechthin und wurde erst nach der großen Postreform Anfang der neunziger Jahre durch das englisch beeinflusste »Abwarten und Tee trinken« (waiting and tea drinking) abgelöst.

Außerdem gibt es noch eine ganze Menge scherzhaft gemeinter Sprichwörter, die man am besten immer nur mit einem leichten Augenzwinkern weitererzählt, damit sie beim ersten Hören nicht gleich in den falschen Hals geraten können. Wie z. B.: »Eine Kuh macht Muh, viele Kühe machen Mühe.« So was ist einfach nur lustig, man zieht keinen direkten Nutzen für sein Allgemeinleben daraus, und es wird für den Anwender auch nie zum Lebensmotto werden können, dafür ist es einfach nicht sinnvoll genug. Genauso wie: »Alles hat ein Ende, nur die Wurst hat zwei.« Auf den ersten Blick zwar zum Totlachen, aber für den täglichen Bedarf und in echten Notsituationen (Briefmarkenengpass, EC-Karte nicht lesbar, Paket nicht rechteckig genug oder zu schwer für den durchschnittlichen Zusteller) einfach nicht zu gebrauchen. Dann schon lieber »Einer trage des anderen Last« oder auch »Ein Spatz in der Hand setzt kein Moos an«. Über solche Weisheiten kann man auch nach Feierabend immer mal wieder lange drüber nachdenken.

Zum Leidwesen eines jeden Postangestellten gibt es allerdings auch Sprichwörter, die, obwohl sie sich hartnäckig seit vielen Hunderten von Jahren im Volksmund halten, einfach falsch sind. Also vom Sachverhalt her falsch. Inhaltlich. Beispielsweise: »Hunde, die bellen, beißen nicht.« Das ist eindeutig eine immer wieder achtlos unters Volk geworfene Falschaussage. Und zwar vollständig, von der ersten bis zur letzten Zeile. Das habe ich selbst eigenhändig in meinem ganzen Leibe gleich mehrmals erfahren dürfen. »Den Letzten beißen die Hunde.« Stimmt auch nicht immer. Normalerweise beißen Hunde nämlich immer gleich den Erstbesten, der ihnen vor die Flinte läuft. Nur sehr alte oder gehbehinderte Hunde, die schlecht zu Fuß sind, würden zuerst den Letzten beißen, weil die Ersten dann nämlich schon längst über alle sieben Berge sind. Ebenso unwahr: »Die Letzten werden die Ersten sein.« Jeder, der schon mal eine Zeitlang in einer Warteschlange gelebt hat, weiß ganz genau, wie fern der Wirklichkeit dieses Sprichwort ist. Was natürlich manche spezielle Zeitgenossen nicht daran hindert, es trotzdem zu versuchen. Gleich nach ihrer Ankunft hinter der defekten Glasschiebetür, die dauernd auf- und zugeht, wenn gar keiner kommt oder geht, lassen sie die Schlange aus Postkunden mal eben links liegen und geben bei mir ihre Bestellung auf, ohne jedes schlechtere Gewissen. Da hilft dann nur noch ein strenges »Nur wer zuerst kommt, darf auch mahlen«. Das sitzt immer. Oder: »Wer zu spät kommt, den bestraft das Leben«, diese Weisheit hatte jahrelang im sowjetischen Erdteil die Bürger auf Trab gehalten.

Während diese und andere Sprichwörter kürzere Beine haben als andere, gibt es eins, das wahrer ist als alle anderen Sprichwörter auf dieser Welt zusammengenommen. Es lautet: »Ein Unglück kommt selten allein.« Das ist wirklich mal ein Sprichwort, das bestimmt auch auf viele andere Bundesbürger zutrifft, und wahrscheinlich hat jeder schon mal seine eigenen Erfahrungen mit diesem Sprichwort gemacht. Unglücke sind fast immer nur zu zweit unterwegs. Mindestens. Oft kommt sogar ein richtiger Pulk auf einen zu. Richtige Unglücksserien fallen dann über den Betroffenen her, und dann ist nicht nur Holland in Not, sondern alle neuen Bundesländer noch dazu. Vollständig Land unter, heißt es dann. Da steckt dann der Wurm so metertief in der Sache drin, dass es zappenduster wird um einen herum. Wenn solche Serien anhalten, wochen-, monate- oder sogar jahrelang, dann spricht man von einer ernstgemeinten Krise. Und wenn eine solche Krise ein ganzes Leben lang anhält, spricht man von einer Lebenskrise. Und das ist noch nicht mal übertrieben in so einem Fall. Spätestens dann sollte man sich lieber Hilfe suchen. Bevor noch mehr Unheil den Bach runterläuft.

Gut für ein umfassendes Kundengespräch eignen sich die vielen Tiersprichwörter. Die sorgen immer wieder für angenehmen Zeitvertreib und gute Laune.

Schön ist zum Beispiel: »Eine Krähe hackt der anderen kein Auge aus.« Tiere laufen einem ja immer wieder über den Weg. Nicht nur im täglichen Leben, sondern auch in der Fußgängerzone oder in der Literatur: Der Froschkönig, die goldene Gans, Rumpelstilzchen. Bei den Bremer Stadtmusikanten sind es sogar vier Tiere auf einmal, die für spannende Unterhaltung sorgen. Da ist es ja kein Wunder, dass sie sich auch aus Sprichwörtern nicht einfach raushalten.

»Eine Schwalbe macht noch keinen Sommer«, »Fuchs, du hast die Gans gestohlen«, »Schwein gehabt«, und, und, und. Es gibt also reichlich Stoff, um mit guten Kunden und Kundinnen auch über den üblichen »Was kostet ein Paket nach Bayern?«-Small-Talk hinaus ein ernstes Gespräch zu führen.

Zusammenfassend lässt sich sagen: Für jede Lebenssituation inner- und außerhalb von Postfilialen gibt es mindestens ein passendes Sprichwort. Wenn ich mich z. B. im Dienst mal etwas abgespannt, müde und erschöpft fühle und das Durchsitzen fällt mir schwer, dann muss ich mich schnell wieder aufbauen. Bevor es noch der Chef merkt. Dann motiviere ich mich einfach selbst mit dem Sprichwort: »Schuster, bleib bei deiner Leistung«, und schon geht mir alles wieder viel besser von der Hand.

Aber es gibt auch brenzlige Situationen. Wenn man dann mit dem falschen Sprichwort ankommt, kann man das nur schwer wieder geraderücken. Als einmal eine alte Frau an meinen Schalter kam, ganz gebückt und mit einheitlicher schwarzer Trauerbekleidung angezogen, da ahnte ich schon, dass irgendwas los sein musste. Man bekommt im Verlauf eines Schalterlebens einen guten Blick für die Not seiner Postkunden. Viel Erfahrung und ein guter Hauch Einfühlsamkeit gehören ja immer mit dazu. Ich ahnte also schon, was da passiert war. Wahrscheinlich sogar in ihrem eigenen Familienkreis. Und als sie mir dann auch noch fünfzig Trauerbriefdrucksachen auf den Tresen legte und ich die für sie verschicken wollte, da hatte ich die traurige Gewissheit. Schlagartig wurde mir mulmig in der Magengrube, und ich bekam einen Kloß an der Stelle, wo sonst immer nur mein Hals saß. Wahrscheinlich war ihr Mann gestorben, dachte ich mir. Gerade im zunehmenden Alter kann so was ja jeden Tag vorkommen. Davor ist niemand sicher, trotz Tablettendosierer und Pflegeversicherung. Da kann man noch so gesund leben, mit Sport und Freizeit und Biogemüse im Hinterkopf, wenn es erst einmal so weit ist und der eigene Tod steht vor der Tür, dann gibt es keinen nächsten Morgen mehr.

Aber was soll man so einer Frau sagen? Wie kann man da Trost spenden? Als ihr Postsachbearbeiter muss ich natürlich reagieren in so einer Situation. Da helfen keine falschen Ausflüchte. Am besten ist es ja, wenn man einfach irgendwas Nettes über den Verstorbenen sagen kann. Das ist immer das Beste. Da ist man sich in der Regel auch mit den Verbliebenen sofort einig. Aber ich kannte ihren Mann ja gar nicht. Kein

Stück. Er war mir völlig fremd geblieben, sein Leben lang. Wie sollte ich mir da was Positives aus den Fingern saugen? Natürlich hätte ich es einfach riskieren können. Einfach alles auf eine Karte setzen, von wegen, wer nicht wagt, hat schon verloren: »Er war zeitlebens ein feiner Kerl.« Das hätte ihr sicher gutgetan, wenn ich mit allem richtiglag. Aber was, wenn sie mir dann antwortet: »Wer denn?« Was sollte ich denn da nun bloß wieder drauf sagen? Dann stehe ich nämlich dumm da und hätte mein gesamtes Pulver schon mit dem ersten tröstenden Satz vollständig verschossen. Für den gesamten Rest der Abfertigung würde ich dann mit leeren Händen vor ihr stehen. Ohne nötigen Beistand und Zuspruch.

Aber da fielen mir urplötzlich wieder die Sprichwörter ein. Sprichwörter gibt es ja für jede Gelegenheit wie Sand im Meer. Also auch für Trauersituationen.

»Abschied ist ein scharfes Schwert«, sagte ich kurz und entschlossen, und sie nickte. Volltreffer. Ich hatte also gleich mit meinem ersten Versuch ins Schwarze getroffen. Ich kenne eben die Menschen. Ob tot oder lebendig. Jetzt begann mir die Sache sogar richtig Spaß zu machen. »Kopf hoch, wird schon wieder«, schob ich gleich noch hinterher, und jetzt lächelte sie sogar etwas. Na bitte, klappt doch! »Immer wieder geht die Sonne auf« und »Noch ist gar nicht aller Tage Abend« fielen mir noch ein.

Als sie schon halb draußen war, rief ich ihr noch hinterher, dass es immer wieder auch mal etwas Licht im Tunnel geben kann, aber das hat sie leider schon nicht mehr mitgekriegt. Dafür haben es aber alle anderen Postkunden in der Schalterhalle gehört und heftig genickt.

Versenden will gelernt sein 1:

Gewusst, wo – Postshop oder Packstation?

Viele Postkunden sind heute radikal verunsichert. Gerade ältere Semester, so ab fünfzig Jahren aufwärts, wissen oft nicht mehr so richtig, wohin mit ihren Briefen, Päckchen und Paketen.

Postfiliale (eigentlich Postbankfiliale), Postshop, Verkaufspunkt, Agentur oder doch lieber gleich mit dem ganzen Krempel ab zur nächsten Packstation? Sie wissen es nicht und fühlen sich mit dem vielfältigen Angebot überfordert. Ältere Menschen sind von Kindesbeinen an mit der alten Post groß geworden, genau wie ich. Mit dem guten alten Postamt um die Ecke, ohne die neuen Splittergruppen. Sie haben nun Angst, Fehler zu machen in der neuen Welt, und fühlen sich in einem modern eingerichteten Verkaufspunkt manchmal fremd und unbehaglich. Sie sind es einfach nicht gewohnt, vom Personal freundlich angelächelt zu werden, und viele bleiben deshalb oft lieber gleich ganz weg.

Auch für diese Menschen habe ich dieses Buch geschrieben.

Sicher, ein Postamt, so wie es früher mal war, ist durch nichts zu ersetzen. Da geht einfach nichts drüber, das ist klar. Etwas Perfektes kann man nicht toppen. Im alten Postamt konnten wir Beamten schalten und walten, wie uns der Schnabel gewachsen war. Von der Briefmarke bis zum Telefonbuch hatten wir alles unter Dach und Fach, und nichts von alldem ist jemals nach außen gedrungen. Das war eine schöne Zeit damals, aber die ist nun mal seit der Privatisierung vorbei. Damit müssen wir uns abfinden, und nun müssen wir nach vorn sehen, auch wenn es uns allen noch so schwerfällt.

Postkunden geht es ja heute ganz ähnlich wie den ehemaligen Russen. Die alte Sowjetunion ist ja auch nach Gorbatschow in viele kleine Zwergstaaten zerbröselt, und die Bürger mussten sehen, wie sie damit zurechtkommen.

Postfilialen gibt es im Grunde gar nicht mehr. Vielleicht noch ein paar verstreute Restexemplare, aber da müssen Sie schon lange und ausdauernd nach suchen. Die Postfilialen wurden nämlich in einer großen friedlichen Übernahme still und leise von der Postbank einverleibt. Einfach draußen und drinnen die alten Schilder abmontiert und gegen neue ausgetauscht, die immer noch verblüffend gelb sind, und fertig. Das ging so schnell und heimlich, dass die meisten Postkunden gar nicht gemerkt haben, wie sie plötzlich zu Postbankkunden geworden waren.

Was Sie von früher als Postamt kannten, heißt jetzt also **Postbankfiliale**. Die meisten Mitarbeiter in einer Postbankfiliale haben ihr Handwerk noch in den guten alten Zeiten gelernt und geben ihr Bestes direkt und ungefragt an ihre Kunden weiter. Hier sind Sie nach wie vor in guten Händen, keine Angst. Sie können nach Lust und Laune Einschreibbriefe oder Päckchen auf den Tresen stapeln, niemand wird Ihnen das in einer Postbankfiliale krummnehmen und schlecht über Sie reden.

Allerdings sollten Sie, um auch selbst einen Beitrag zum friedlichen Miteinander zu leisten, über einen Bankwechsel nachdenken. Wo immer Sie nämlich sonst so Ihr Geld aufbewahren, verschwinden oder verrotten lassen, es wird sich immer ein Postbankmitarbeiter finden, der Ihnen erklärt, dass Ihr Einkommen am allerbesten auf der Postbank aufgehoben ist. Immer! Und dass es nirgends auf der Welt günstiger zugeht als bei der Postbank. Nirgends! Da sollten Sie sich dann also unbedingt mal in aller Ruhe Gedanken drüber machen, ob Sie Ihre Feierabendhobbys nicht besser mal für ein paar Wochen ruhen lassen und in der Zeit lieber Ihren Geldgebern und -nehmern Ihre neue Kontonummer mitteilen und, wenn Sie schon mal dabei sind, auch Ihre gesamten Daueraufträge ändern. Von A bis Z und darüber hinaus. Viele Menschen haben aber heutzutage ihren Kopf so voll, dass sie das Wichtigste einfach vergessen. Keine Angst! Auch da wird Ihnen in einer Postbankfiliale geholfen. Da werden Sie einfach jedes Mal, wenn Sie ein Paket abgeben wollen oder vielleicht auch nur mal so zum Klönen vorbeigekommen sind, immer an das günstige Girokonto der Postbank erinnert, in allen Einzelheiten. Mit Zins und Zinseszins. Irgendwann wird es dann auch dem vergesslichsten Letzten klar, was die Stunde geschlagen hat, und er läuft ohne Gegenwehr zur Postbank über.

Was sich auch noch geändert hat, sind die Räumlichkeiten.

Während Postämter früher noch oft in historischen Pracht-bauten residierten, müssen sich die Filialen heute den Raum manchmal sogar mit Lebensmittelläden und Warenhäusern aller Art teilen. Sie leben in einer Art Wohngemeinschaft zu-sammen, wo jeder natürlich auch mal die Aufgaben des ande-ren mit übernehmen muss. Es kann sein, dass ein Postfilialar-beiter die Briefmarkenausgabe mit Ihnen kurz unterbricht, um an einem anderen Tresen Hundefutter zu verkaufen. So was kommt vor. Das sind die Schattenseiten des Börsengangs.

In einem **Postshop** können Sie kaufen, was das Herz begehrt und Ihr Portemonnaie Ihnen zur Verfügung stellt. Ständig werden neue Artikel auf den Markt geworfen, von der elek-trisch betriebenen Zahnbürste mit Postlogo bis hin zum Mul-tivisionshandy mit eingebautem Schweizer Messer, kriegen Sie dort einfach alles! Nehmen Sie sich ruhig mal einen gan-zen Tag lang Zeit und shoppen, bis der Postshop schließt.

Wenn Sie aber vielleicht nur Ihr kleines Postgeschäft verrich-ten wollen, dann sind Sie in einem der vielen neuen **Verkaufs-punkte** gut aufgehoben. Für die kleine Briefmarke oder den Umschlag zwischendurch sind Sie hier genau richtig gelan-det. Verkaufspunkte sind wie kleine Oasen der Ruhe in hekti-schen Friseurläden oder Fleischereiabteilungen.

Einfach immer den gelben Hinweisschildern draußen am Schaufenster folgen. Verkaufspunkte werden bundesweit tag-täglich beliebter und tauchen daher immer häufiger wie Pilze in den Läden auf.

Wie gesagt sind sie ausschließlich für das kleine Postge-schäft geeignet. Kreuzen Sie hier bitte nicht mit Überwei-sungsformularen oder Bargeldabhebungen auf. Dafür sind

Verkaufspunkte nicht ausgebildet. Und bitte stellen Sie keine komplizierten Fangfragen ans Personal. Damit würden Sie die Laienhelfer vor Ort nur überfordern. Geben Sie den Verkaufspunktmitarbeitern lieber das Gefühl, dass Sie sich in ihrem schmucken Laden wohl fühlen und dass Sie ihre ehrenamtliche Tätigkeit durchaus zu schätzen wissen.

Die allerneueste Errungenschaft der Post sind **Packstationen**, die zurzeit landauf, landab überall aus dem Boden wachsen. Inzwischen sind es bundesweit fast dreitausend Stück. Packstationen sind die Krönung der Elektrotechnik – Hightech, so weit das Auge reicht. Auf den ersten Blick sehen sie zwar ein bisschen aus wie Bushaltestellen oder Toilettenhäuschen, aber bei näherem Hinsehen zeigen sie sehr schnell ihr wahres Gesicht.

Packstationen sind genau wie Briefkästen unbewohnt und fordern dem Postkunden daher einiges ab. Sie sollten deshalb niemals in Eile und schon gar nicht unvorbereitet eine solche Packstation besuchen. Erkundigen Sie sich lieber mal ganz unverbindlich in Ihrer Postbankfiliale nach einem der vielen Einführungslehrgänge, die an Wochenenden für geringe Kursgebühren angeboten werden. Nach zwei, drei Wochenenden dürften Sie dann so weit fit sein, dass Sie an einer Packstation sogar ohne jede fachliche Begleitung klarkommen. Nur Sie mutterseelenallein, Auge in Auge mit dem Packcomputer.

Damit Sie schon mal wissen, was man da erst einmal von Grund auf lernen und dann wieder und wieder üben muss, hier in aller Kürze die drei wichtigsten Fakten:

1. Genau wie bei der Online-Frankiererei müssen Sie sich auch nach Ankunft an einer Packstation zuerst anmelden. Die Post (DHL) weiß einfach gern, mit wem sie es zu tun hat. Wenn

Sie sich weigern und unregistriert Ihre Erledigungen vollbringen wollen, steht hinterher auf Ihrem Beleg nicht Ihr Name, sondern »Kunde jedermann«. Da sind Sie dann aber wirklich selber dran schuld. Noch schlimmer: Manches wird für nicht anständig registrierte Kunden überhaupt gar nicht erst von Erfolg gekrönt sein, weil auch so ein Packcomputer keine heiklen Geschäfte mit anonymen Postverschickern abwickelt. Das ist einfach zu gefährlich.

2. An einer Packstation können Sie Pakete, Päckchen usw. sowohl versenden als auch empfangen. Geben und nehmen lief bei der Post schon immer Hand in Hand ab.

Wenn Sie allerdings den Schritt gewagt und ein Paket über eine Packstation auf den Weg geschickt haben, dann lassen Sie bitte in den Folgetagen und Wochen stets Ihr Handy für eventuelle Rückfragen eingeschaltet. (Tag und Nacht!) Dasselbe gilt genauso, wenn Sie sich in freudiger Erwartung einer Paketempfängnis befinden.

3. Kommunizieren tun Sie mit der Packstation, indem Sie ihren Monitor berühren (Touchscreen). Mal sanft, mal kräftig, wie er es gerade braucht. Auch das ist neu. Zu meiner Zeit war es Kunden noch strengstens untersagt, Schalterbeamte während des Gesprächs zu drücken oder gar zu streicheln.

Postlexikon
E bis J

E

E-Brief

Neueste Errungenschaft der Post. Für die Versendung sind weder Briefumschläge noch Briefzusteller notwendig. Alles geht vollautomatisch. Bei konsequenter Weiterentwicklung dieser Technik kann die Post im Laufe der nächsten Jahre so viel Personal abbauen, dass sie sich schon im Jahre 2050 zu einem überschaubaren Familienbetrieb gemausert haben wird.

EDV

Gleich nach Einführung der **e**lektronischen **D**atenverarbeitung wurden bei der deutschen Post zahlreiche Computer angeschafft und von gewissenhaften Postmitarbeitern eingearbeitet.

Einschreiben

Postkunden, die auf Nummer sicher gehen wollen und es sich leisten können, greifen zum teuren Einschreibebrief. Sie können bei der Auftragsvergabe selbst entscheiden, ob bei Nichtzustellung der Empfänger (Übergabe) oder der Postbote (Einwurf) haftet.

Empfänger

Jeder Postkunde, der für eingehende Briefsendungen generell empfänglich ist. Ist ein Empfänger unbekannt, so muss er das der Post umgehend mitteilen.

F

Filiale

Der Begriff kommt aus dem Lateinischen (filius = Sohn, filia = Tochter) und bedeutet so viel wie Kind der Firma. PostmitarbeiterInnen, die in einer Postfiliale arbeiten, fühlen sich bei der Deutschen Post AG wie im Schoß der Familie. Ihre Kollegen von der Telekom sind deren unehelichen Geschwister.

G

Garantie

Da in der heutigen Zeit alles ständig unsicherer und unberechenbarer wird, hat die Post seit dem 01. Januar 2007 sämtliche Garantieleistungen aus Kostengründen eingestellt.

Gebührenkatalog

Beliebter Bestseller zum Schmökern für die ganze Familie. Enthält sämtliche Preise, Rabatte und Sonderangebote deutscher Postdienstleistungen. Der Katalog hat viele farbige Abbildungen und umfasst 756 Seiten gut lesbaren Dünndruck. Da Preise sich ständig ändern und täglich neue Verkaufsschlager hinzukommen, erscheint jede Woche eine neue, überarbeitete Gesamtausgabe. Der Einfachheit halber können Sie auch eine Online-Version abonnieren. Gegen eine (noch) geringe Gebühr erhalten Sie mehrmals täglich die jeweils aktuelle Version.

Gebührenbefreiung

Bundesbürger, die keinerlei Postdienstleistungen in Anspruch nehmen, werden in der Regel von Gebühren befreit.

Geschenkpakete

Irreführender Begriff. Geschenkpakete sind grundsätzlich gebührenpflichtig.

Gottschalk, Thomas

War lange Zeit in der Werbeabteilung der Deutschen Post AG tätig. Begann als einfacher Radiosprecher beim Bayrischen Rundfunk, tingelte dann jahrelang als blonder Spaßvogel durch verschiedene Fernsehsendungen, bis ihm gegen Ende seiner Laufbahn doch noch der große Wurf glückte: eine Festanstellung im gehobenen Postdienst.

Großbrief

Kann bequem auch großformatige Schriftstücke knickfrei in sich aufnehmen.

Gutschrift
Eine gut lesbare Handschrift sollte für jeden Absender von Postgut aller Art eine Selbstverständlichkeit sein. Eine Sauklaue ist eine Zumutung und verzögert die Zustellung.

H

Haftung
Da die Teilnahme am Postverkehr freiwillig erfolgt, findet auch keine Haftung statt. Der Postkunde als mündiger Bürger entscheidet vollkommen selbstverantwortlich, wo, wie, warum und was er mit seinen Briefen macht (Selbsthafter).

Halbstempelmaschine
Maschine zum Stempeln von Briefen: Meist ist nicht mehr als die Hälfte zu erkennen.

Handfahrgeräte (Zustellkarre, Handwagen)
Werden in der Postzustellung überall da eingesetzt, wo es für Motoren getriebene Fahrgeräte (Autos, Vans) kein Durchkommen gibt (enge Gassen, Sumpfgebiete, Alpenpässe).

Hammerstempel
Traditionelles Arbeitsgerät zum Entwerten von Briefmarken. Bei häufiger Nutzung Verletzungsgefahr. Sowohl die Sehnenscheiden als auch andere Organe im mittleren Unterarmbereich sind auf den Hammerstempel nicht gut zu sprechen.

Hausbriefkasten

Kasten aus Stahlblech oder anderen Rohmaterialien zum Auffangen, Sammeln und zur Entnahme von abgeworfenen Briefsendungen. Der Hausbriefkasten sollte abschließbar sein, um eine Fremdnutzung zu verhindern.

Hinweisschilder

Weisen in Postfilialen auf wichtige Informationen für Postbenutzer hin (Öffnungszeiten, Notrutschen, Wickelräume).

Höchstgewicht

Beträgt für zweibeinige Zusteller auf Dienstfahrrad 138,5 Kilogramm. Noch schwergewichtigere Mitarbeiter hätten bei abfallendem Gelände einen zu langen Bremsweg.

Hoch auf dem gelben Wagen

In diesem sehr beliebten Volkslied wird ein Mann besungen, der zusammen mit seinem Schwager eine Reise auf einer Postkutsche unternimmt. Heutzutage ist die Mitnahme von postfremden Personen in Dienstfahrzeugen nicht mehr zulässig.

I

Informationen

Je mehr Informationen die Post über ihre Kunden hat, desto besser kann sie sich auf deren Wünsche einstellen (Kundenprofil). Halten Sie also mit Ihren Alltagsgeschichten nicht länger hinter dem Berg. Plaudern Sie am Schalter munter drauflos und erzählen Sie, was Sie sonst nur der besten Freundin erzählen würden.

Internationaler Postverkehr

Briefe und Sendungen, die das Gebiet der Bundesrepublik Deutschland auf dem Postwege verlassen, um sich vorübergehend im Ausland aufzuhalten.

Inventur

Alljährlicher Rückblick auf das vergangene Kalenderjahr. Für alle Postbediensteten Zeit, einmal innezuhalten und selbstkritisch das eigene Schaffen zu durchleuchten. Eine emotional teilweise sehr aufwühlende Prozedur, bei der es immer wieder zu Nervenzusammenbrüchen kommen kann.

J

Jungzusteller

Hieß früher ein Zusteller in der Ausbildungszeit. Ein wichtiger Einschnitt in seinem Leben war die gefürchtete Jungzustellerzwischenprüfung, in der jeder Aspirant mit Kampfhundeattacken und falsch adressierten Briefen konfrontiert wurde.

Versenden will gelernt sein 2:

Briefkästen sind gefährlich

In meiner aktiven Laufbahn wurde ich öfter mal gefragt, ob ich in meinem Leben überhaupt noch Zeit für irgendwelche Hobbys habe oder ob mich der Dienst bei der Post vollkommen in Beschlag nehmen würde. Ich habe stets geantwortet: »Einerseits ja, andererseits nein.« Natürlich hat mich der Postdienst ausgefüllt. Rund um die Uhr. Oft aber noch über den Feierabend und das kommende Wochenende hinaus. Ich bin nämlich nicht so ein Typ von Mensch, der das Tagesgeschehen pünktlich zum Feierabend einfach so an sich abtropfen lassen kann. Manchmal ging der Dienst auch nach Dienstschluss noch etwas weiter. Aber meine Feierabende habe ich trotzdem genossen, auch wenn mein Kopf noch Überstunden geschoben hat.

So hatte ich mich zum Beispiel einmal an einem Feierabend mit einem Kollegen von mir ins Kino verabredet. An einem Mittwoch war das. Mittwochs waren die Kinokarten in Itzehoe immer billiger. An diesem Mittwochabend wurde im Universum ein Naturfilm gezeigt, auf Großleinwand. Ein Farbfilm mit echten Indianern und wild gewordenen Büffelherden sollte das sein. »Der mit dem Wolf tanzt« hieß der Film damals. Ich weiß noch genau, dass ich mit Charly verabredet war. Ein ehemaliger Postkollege von mir, der mit vollständigem bürgerlichem Namen Karl-Heinz Schmidt heißt und fast drei Jahre älter ist als ich. Obwohl verheiratet und Vater von zwei glücklichen Kindern, war er immer genau wie ich mit Leib und Seele Schalterdienstleister.

Um acht Uhr sollte der Film anfangen. So hatte es im Itzehoer Tageblatt gestanden. Wir hatten uns für fünf vor acht vor dem Kino verabredet. Pünktlich um fünf nach halb acht hatte ich meine Wohnung in der Storm-Straße verlassen und mich guten Fußes auf den Weg gemacht. Bis zum Universum brauche ich normalerweise eine Viertelstunde. Höchstens. Da waren dann sogar immer noch fünf Minuten Luft. Wenn nichts dazwischenkommt.

Aber dann kam etwas dazwischen. Wie schon gesagt, manchmal kann mein Kopf nach Dienstschluss einfach nicht rechtzeitig auf Freizeit umschalten und macht dann immer noch ein bisschen länger. Rein ehrenamtlich natürlich. Mein Kopf war wirklich der einzige Körperteil von mir, der jemals freiwillig unbezahlte Überstunden gemacht hat. Meine Füße waren ja froh, dass sie sich endlich mal wieder die Beine vertreten konnten, und mein Magen freute sich auf die XXL-Tüten mit Popcorn und Mettbrötchen und auf gekühltes Bier. Seit dem Mittagessen in der Postkantine hatte ich nämlich keine feste Nahrung mehr zu mir genommen.

Während meine Gedanken noch damit beschäftigt waren, sich die vielen Versandbestimmungen und Formvorschriften aus ihrem Kopf zu schlagen, kam ich an der Ecke Lennemannstraße an einem Briefkasten vorbei, der mir bestens bekannt war. Das ist so ein massiver Großbriefkasten, der mit seinem Sockel bis auf die Erde reicht. Also keiner von diesen Hängebriefkästen, die einfach nur an irgendeine Hauswand genagelt werden und dort auf Post warten müssen.

Während ich also gerade an dem Standbriefkasten vorbeigehen wollte, kam plötzlich ein Sportgolf mit quietschenden Reifen vorgefahren und hielt halb auf dem Bürgersteig. Ein ebenso sportlicher junger Mann stieg aus und rannte mit einem dicken Packen Briefe in der Hand direkt auf den Kasten zu. Er hatte es sehr eilig, das konnte man schon aus der Ferne sehen, denn er ließ seinen Motor während der gesamten Einwurfzeit auf Hochtouren weiterlaufen. Dann drückte er alle Briefe auf einmal mit einem einzigen heftigen Schwung durch den Einwurfschlitz hindurch und drehte dann wieder ab. Bestimmt will er so schnell wie möglich zurück zu seinem laufenden Wagen, dachte ich. Aber irgendwas hielt ihn zurück. Ich hatte den Vorgang ganz genau beobachtet. Ich war ja auf gleicher Augenhöhe mit dem Briefkasten, als der Mann angerannt kam. Um ein Haar wären wir dabei sogar noch zusammengestoßen. Er hatte die Briefe in seinem Übereifer mit so einer Heftigkeit in den Innenraum des Kastens gestopft, dass er durch den Überschwung seinen gesamten Unterarm mit hineingeschoben hatte. Und der steckte jetzt fest.

Der Mann drehte sich um, sah sofort, dass sein Arm in Schwierigkeiten steckte, und ruckelte und zappelte, was das Zeug hergab. Aber alles umsonst. Die bessere Hälfte seines rechten Armes hatte sich irgendwie im Innenraum des Kastens verkantet und steckte in der Falle wie ein Jungvogel im Spinnennetz. Das kommt davon, dachte ich mir, wenn sich ungeübte Laien an professionellem Posteigentum zu schaffen machen. Lass ihn ruhig noch ein bisschen zappeln, das soll ihm eine Lehre sein. Aber irgendwann bin ich dann doch weich geworden und hab ihm geholfen. Man ist ja schließlich Mensch, und als Mensch fühlt man sich für die Gesamtsituation irgendwie mitverantwortlich.

»Haben Sie Schmerzen?«, fragte ich ihn als Erstes. »Nehmen Sie irgendwelche blutverdünnenden Medikamente?« Das sind immer die beiden wichtigsten Fragen, die man Beteiligten bei so einem Postverkehrsunfall stellen muss. Das hatte ich auf meinem Erste-Hilfe-Lehrgang vor drei Jahren in Bad Lauterberg im Harz gelernt. Immer kommt zuerst der Mensch. Immer. Egal, ob er selbst Schuld hat oder nicht.

»Machen Sie sich keine Sorgen«, sagte ich, als er nicht antwortete, »Sie haben Glück, dass ich gerade in der Nähe war. Ich bin nämlich von der Post.«

Ich hatte schon öfter mal in der Zeitung von schweren Verkehrsunfällen mit eingeklemmten und blutenden Personen gelesen, die erst in mühseliger Kleinarbeit von Schneidbrennern und schweren Feuerwehrleuten aus dem brennenden Auto rausgeschweißt werden mussten. Da zählt dann jede Minute. Hier war es Gott sei Dank nur halb so schlimm. Unfälle in Briefkästen gehen oft glimpflich aus. Andererseits: Wenn jetzt durch irgendeinen dummen Zufall oder einen leichtfertig weggeworfenen Feuerwerkskörper der Briefkasten plötzlich anfangen würde zu brennen ... Vielleicht war der Kasten ja bis zum Rand voll mit leicht entzündlichen Briefen.

»Bitte bleiben Sie vom Kasten weg und gehen Sie schnell weiter«, sagte ich zu einer Frau, die sich direkt vor Ort eine

Zigarette anstecken wollte. Jetzt nicht auch noch einen Groß-
brand auf offener Straße riskieren! Wie schnell könnte so ein
Feuer auf den laufenden Motor vor uns übergreifen.

»Bitte gehen sie weiter«, sicherte ich weiter den Tatort,
»bitte nicht mehr rauchen.«

Jetzt war es schon fast halb neun. Mein Kinofilm ging
gleich los. Daran musste ich immer wieder denken. Ich hatte
mich so auf den Abend mit Charly gefreut. Garantiert hatte er
inzwischen selbst eine Kinokarte gekauft und es sich schon
bequem gemacht in der ersten Reihe. Der ließ es sich jetzt so
richtig gutgehen. Mit Wurstbrötchen, Hefebier und Füße in
die Höh. Nur mein Platz neben ihm blieb leer. Aber das ist im
Kino normal, dass mal ein Platz frei bleibt. Die fangen trotzdem an, egal, ob alle an Bord sind oder nicht. Auf Einzel-
schicksale nehmen die im Kino keine Rücksicht.

»So ein Mist, so ein verdammter Mist«, fluchte der Mann
immer wieder. Er war immer noch sehr ungeduldig. Er war
ein Kämpfer, das konnte man schon vom ersten Anblick aus
sehen. Ein Kämpfer, der sich nur ganz langsam an die unge-
wohnte Situation gewöhnen konnte. Irgendwie tat er mir auch
ein bisschen leid, wie er da vor sich hin zappelte. Postkunden
geht es ja oft genauso. Tagtäglich. Sie stehen in der Schlange,
müssen stundenlang warten und wollen eigentlich nur weg.
Solche Schlangen sind nicht zu vermeiden, wenn man auch
beim Briefmarkenverkauf die gebotene Sorgfalt walten lassen
will. Der sichtbare Teil des Armes ragte inzwischen steil aus
dem Schlitz heraus und war schon ganz blau angelaufen. Und
je mehr sein Besitzer an ihm zerrte, umso blauer wurde er.
Das kam vom Blutstau innerhalb des Oberarmes. Der entsteht, wenn das Blut über längere Zeit in den einzelnen Venen
und Arterien nicht so richtig von der Stelle kommt. Venen

und Arterien sind ja beide für den reibungslosen Blutverkehr zuständig, und wenn da dann ein Stau eintritt, auch unverschuldet, dann ist das für die betroffene Person meistens sehr schmerzhaft. Das alles hatte ich vor drei Jahren von der Erste-Hilfe-Schwester in Bad Lauterberg gelernt.

Jetzt war es schon Viertel vor neun, und wir standen immer noch vor dem Briefkasten rum. Noch vor zehn Jahren hätte ich diese brenzlige Situation sofort beenden können. Da gehörte dieser Briefkasten ja zu meinem täglich Brot. Damals, als ich noch im Außendienst tätig war und bei Wind und Wetter auf der Straße gearbeitet habe, hatte ich immer den Briefkastenschlüssel für die Öffnung dabei. Den hatte ich an meinen privaten Haustürschlüssel mit dran geheftet. So konnte ich zu jeder Tages- und Nachtzeit an sämtliche Briefkästen in Itzehoe ran.

Dieser Universalschlüssel l hätte uns jetzt ein ganzes Stück weiterhelfen können. Wir hätten die Tür einfach geöffnet und von innen nachgeholfen. Aber den Schlüssel hatte ich nicht mehr. Als ich nämlich meinen Stammplatz hinter dem Postfilialenschalter (jetzt PostBANKfilialenschalter) einnahm, musste ich natürlich alle Fahrzeuge, Schlüssel und Outdoor-Uniformen abgeben. Der Mann hatte also einfach nur Pech gehabt. Er war mit seinen Briefen zehn Jahre zu spät gekommen.

Also mussten wir beide abwarten, bis die nächste Leerung stattfand. Um halb zehn sollte das sein. Aber so ganz genau kann man eine Leerung bei der Post nie voraussagen. Es kommt ja immer drauf an, wie voll die Kästen im Einzelnen sind und ob die Leerkraft auch den richtigen Schlüssel mit dabeihat. Aber auf eine gute halbe Stunde Wartezeit mussten wir uns mindestens noch gefasst machen.

Für mich war es eine Selbstverständlichkeit, dem jungen gehandicapten Mann in seiner Not bis zu seiner Befreiung Gesellschaft zu leisten. Und so wurde es dann doch noch ein richtig netter Abend. Die schlechte Laune des Mannes wurde mit jeder Minute besser. Mit der Zeit verstanden wir uns bestens. Er befragte mich über mein Leben bei der Post, wollte alles über verschiedene Briefformate und die richtige Frankierung im internationalen Schriftverkehr wissen, und er erzählte mir dafür im Gegenzug den gesamten Kinofilm. Von vorne bis hinten. Er hatte sich nämlich gerade erst am Tag vorher »Der mit dem Wolf tanzt« angeguckt. Wirklich ein toller Film war das. Als dann so um Viertel vor zehn das Entleerungsfahrzeug der Post einfuhr, war die Zeit zwischen uns wie im Flug vergangen. So viel hatten wir uns gegenseitig zu erzählen gehabt. Nachdem dann endlich mein neuer Bekannter befreit war und wir unsere Adressen ausgetauscht hatten, rannte ich schnell die letzten dreihundert Meter zum Kino. Doch bis ich Charly in dem Gewühl in seiner ersten Reihe ausfindig gemacht hatte und ihm alles erzählen konnte, was passiert war, da lief auch schon der Abspann über die Bildfläche. Aber das war gar nicht schlimm. Schließlich kannte ich den Film inzwischen sehr genau vom Hörensagen. Ein wirklich toller Film, den ich nur empfehlen kann, auch wenn ich ihn nicht mit meinen eigenen Augen gesehen habe.

Kundenbeschwerden

Was Sie selbst dagegen tun können

Fallbeispiel 5
Traueranzeige niemals eingetroffen

Vor einem halben Jahr starb die Frau eines früheren Klassen-
kameraden von Herrn Peter Cramer (55), und zwar ganz
plötzlich. Ein paar Tage später schickte dieser Klassenfreund
Herrn Cramer eine Traueranzeige zum ermäßigten Infopost-
tarif (0,25 Euro). Diese Anzeige kam bei Herrn Cramer aber
nie an. Ein halbes Jahr lang war er völlig ahnungslos.

Erst letzte Woche, als er seinen alten Freund mal wieder an-
rief und sich bei der Gelegenheit auch nach dem Befinden seiner
Frau erkundigte, erfuhr er von deren tragischem Tod. Das Ganze
war für Herrn Cramer äußerst peinlich. Seitdem ist das Verhältnis zwischen den ehemaligen Schulfreunden stark abgekühlt.

Der Zusteller, der seit zwanzig Jahren die Post zu Herrn Cramer brachte und eigentlich immer recht zuverlässig war, ist sich keiner Schuld bewusst.

Herr Cramer erwägt dennoch, die Post auf Schadenersatz zu verklagen.

☞ Meine Meinung:

Ich kann Herrn Cramer sehr gut verstehen. Zuerst stirbt ihm die Frau seines besten Freundes unter den Händen weg, und dann erfährt er auch noch als Letzter davon. Das ist wirklich sehr ärgerlich. Gerade wenn es um Leben und Tod geht, liegen die Nerven oft blank. Aber peinlich muss ihm die ganze Angelegenheit trotzdem nicht sein.

Zwei Dinge fallen mir bei näherer Betrachtung auf:

1. der plötzliche Tod der Verstorbenen
2. die absolute Zuverlässigkeit des zuständigen Zustellers

Ich bin mir sicher, in einem der beiden Punkte liegt der Schlüssel für das Verschwinden des ermäßigten Infopostbriefes (0,25 Euro).

Zu 1: Das plötzliche Ableben des eigenen Lebenspartners ist für die meisten Menschen ein starker Schock. Manchmal extrem. Ob man es will oder nicht, es geht einfach nicht spurlos an einem vorüber. In so einer Phase sind die meisten Betroffenen oft unkonzentriert, nervös und lassen leider auch die nötige Sorgfalt bei anstehenden Erledigungen vermissen.

Möglicherweise hat der Schulkamerad von Herrn Cramer in

seiner von der Trauer hervorgerufenen Zerstreutheit und Schusseligkeit beim Aufgeben der Infopostbriefe Fehler gemacht (unvollständige, mangelhafte oder gar fehlende Adressenangabe). So ließe sich das Verschwinden des Briefes erklären.

Herr Cramer sollte seinem Schulfreund deswegen aber nicht böse sein. Der hat genug gelitten. Darum: Schwamm drüber. Fehler macht jeder mal!

Zu 2: Wie die meisten, so ist auch dieser Postzusteller vollkommen zuverlässig. Seit über zwanzig Jahren versorgte er Herrn Cramer mit allem, was an seinen Briefkasten adressiert war. Vielleicht hatte Herr Cramer inzwischen sogar schon fast ein freundschaftliches Verhältnis zu seinem Zusteller entwickelt. Und vielleicht hatte Herr C. an diesem Morgen auf unseren Postmitarbeiter einen etwas labilen Eindruck gemacht. Wirkte erschöpft oder gar depressiv. Zusteller haben eine feine Nase und merken so was oft als Erste. Der Zusteller muss gemerkt haben, dass der Angeschriebene so einer traurigen Nachricht im Moment nicht gewachsen wäre, und hat sich darum entschlossen, ihm diese schlechte Nachricht erst einmal vorzuenthalten. Zu seinem eigenen Schutz.

In diesem Fall hätte er lediglich von seiner im Postgesetz verankerten Fürsorgepflicht Gebrauch gemacht.

Mein Tipp:

Alte Freunde öfter mal zwischendurch anrufen. Mit einem Flatrate-Tarif bei der Telekom sind Sie kostengünstig dabei und müssen dann nicht Jahre später irgendwelche bösen Überraschungen erleben.

Denken Sie daran:
Bei aller Tragik bleibt ja auch etwas Gutes an der Sache. Durch die verspätete Nachricht hat die Verstorbene in der Vorstellung und Gedankenwelt von Herrn Cramer noch ein komplettes halbes Jahr länger gelebt. Welcher Verstorbene schafft das schon?

Fallbeispiel 6
Willkür bei Briefkastenleerung

Herr Karsten F. aus U. ist freiberuflicher Architekt und wohnt in einem kleinen Dorf in der Nähe von Itzehoe.

Gegenüber von seinem Haus steht auf der anderen Straßenseite ein Briefkasten. Wenn er aus seinem Arbeitszimmer aus dem Fenster schaut, hat er ihn genau im Blick. Laut Aufdruck wird dieser Briefkasten in der Zeit von Montag bis Freitag zweimal täglich geleert. Morgens um 11.15 Uhr und am Nachmittag um 16.30 Uhr.

Häufig beobachtet Herr F. ein starkes Abweichen dieser Leerungszeiten.

»Gerade erst neulich sah ich, wie das Postauto für die morgendliche Leerung schon um Viertel vor zehn vorfuhr und nachmittags auch eine halbe Stunde früher. Anscheinend hatte es der junge Mann sehr eilig. Viele Briefe können dadurch aber, obwohl sie pünktlich eingeworfen wurden, nicht mehr rechtzeitig bei ihrem Empfänger eintreffen.«

Das Ganze ist für Herrn F. ärgerlich.

☞ Meine Meinung:

Ich kann Herrn F. gut verstehen. Gerade auf dem Lande ist das Leben oft sehr eintönig und bietet wenige Gelegenheiten für Abwechslung.

Da bekommt Pünktlichkeit einen ganz anderen Stellenwert als z. B. in einer Großstadt wie Kiel oder Neumünster. Wenn schon nur sehr wenig um einen herum passiert, dann soll das wenige wenigstens pünktlich passieren.

Zwei Dinge fallen mir bei genauem Betrachten sofort auf:

1. **der stressreiche Beruf von Herrn F.**
2. **der auffallend junge Postmitarbeiter, der die Leerungen durchführte**

Zu 1: Architekt zu sein ist ein sehr verantwortungsvoller Beruf. Trotz Computer und modernster Schreibprogramme müssen alle Arbeiten mit besonderer Genauigkeit ausgeführt werden. Präzision und Sorgfalt werden in der Architektur großgeschrieben, damit auch Jahre später noch ein Stein auf dem anderen bleibt und niemand zu Schaden kommt. Ein winziger Fehler im Getriebe kann für Hausbewohner den sicheren Tod bedeuten. Das weiß Herr F. Dieses Bild hat er täglich vor Augen. Darum wittert er überall Fehler. Überall lauert für ihn der Tod. An nichts anderes kann er denken, wenn er aus dem Fenster schaut und den Postmitarbeiter bei der verfrühten Leerung beobachtet.

Zu 2: Die Leerkraft ist auffallend jung, wie Herr F. schreibt, fast noch ein Kind, möchte man sagen. In diesem Alter kann einem alles gar nicht schnell genug von der Hand gehen. Immer und überall will man der Erste sein.

In so einem Übereifer kann es natürlich passieren, dass man die vorgeschriebenen Zeiten aus den Augen verliert. Die Post befindet sich in einem gnadenlosen Konkurrenzkampf um die Vorherrschaft am Markt. Man denke nur an all die grünen Postboten, die plötzlich Straßen und Briefkästen unsicher machen. Das wird den jungen Mitarbeitern auf Schulungen immer wieder eingetrichtert. Kehren sie dann von so einem Lehrgang zurück, wollen sie sich endlich in der Praxis bewähren. Sie sind heiß und ungestüm wie ein junges Rennpferd im Stall. Wie ein wild gewordenes Islandpony hasten sie dann durch unsere Gassen und Alleen. Sie wollen besser sein als alle anderen, schneller, sie wollen auf den Siegerpodest!

Nur so kann ich mir die von Herrn F. beobachtete Vorverlegung der amtlichen Leerzeit erklären.

Mein Tipp:

Lieber Herr F., nehmen Sie sich ein Beispiel an unserem jungen Postmitarbeiter. Konzentrieren Sie sich ausschließlich auf Ihre Arbeit. Skizzen, Pläne und statische Berechnungen erfordern Ihre hundertprozentige Aufmerksamkeit. Sie haben einen so schönen Beruf. Denken Sie nur an die vielen glücklichen Menschen, denen Sie ein eigenes Heim verkaufen konnten.

Sehen Sie nicht zu lange aus dem Fenster, das lenkt Sie nur ab. Es schleichen sich sonst womöglich Fehler ein, die Sie später nie wiedergutmachen können.

Versenden will gelernt sein 3:

Die häufigsten Fehler vor dem Losschicken

Liebe Leser, Sie wissen ja bestimmt schon alle aus Ihren bisherigen Lebensumständen: Wir sind Menschen und machen daher auch Fehler. Das liegt in der Natur der Sache. Fehler machen ist nun mal menschlich. Die macht jeder. Der eine mehr, der andere weniger, aber niemand ist davor sicher, solange er mit ganzem Herzen Mensch geblieben ist. Selbst Zeitgenossen von unterschiedlichstem Geschlecht oder Hautfarbe machen ab und zu mal was falsch. Und die oft sogar am allermeisten. Auch wenn sie es gar nicht wollen. Ungeplant vielleicht, oder sogar in allerbester Absicht. Da können Sie Ihren Tag vorab noch so gut durchorganisiert und vorbereitet haben, es hilft Ihnen nichts. Irgendwann verabschiedet sich die Konzentration aus Ihrer Mitte, überlässt Sie für einen Moment unbeaufsichtigt sich selbst, und dann ist es zu spät. Dann läuft schlagartig alles schief, was noch zehn Minuten vorher kerzengerade war, und Kurzschlüsse, Verkehrsunfälle und Fehlfrankierungen sind zur Tagesordnung übergegangen.

Ich habe dieses schwierige Thema in meinem bisherigen Buch ja bereits auf mehreren Seiten schwarz auf weiß klipp und klar angesprochen. Z. B. im Kapitel: »Die häufigsten Fehler der Kunden« (nach der genauen Seite erkundigen Sie sich bitte in der Inhaltsangabe), in dem ich auf Fehlverhalten verschiedener Kundentypen eingegangen bin.

Aber auf eine weitere Schwierigkeit muss ich nun doch noch kurz hinweisen. Eine echte Falle ist das nämlich, in die Postkunden immer wieder tief hineinfallen. Es ist die Schwierigkeit, die entsteht, wenn Sie eine Sendung (Brief, Päckchen, Paket, Paketrolle) wirklich abschicken wollen. In so einem Fall müssen Sie in der Vorbereitungsphase nämlich einiges überdenken.

Die richtige Verpackung

Bevor Sie sich für eine angemessene Verpackung entscheiden, sollten Sie sich zuerst über den Inhalt Ihrer Sendung klarwerden. Das ist und bleibt das A und O bei der postalischen Versendung.

Handelt es sich vielleicht um etwas Zerbrechliches? Teures Porzellan, rohe Landeier oder aufwendig bemalte Wandteller aus Kristallbuntglas? Dann sollten Sie bei der Verpackung nicht das Knickern anfangen. Geld ist nicht alles im Leben.

Eine uralte Postfaustregel besagt: Je zerbrechlicher der Inhalt, desto stabiler und teurer die Außenhülle. Sie kennen doch alle die fernöstliche Bauernweisheit von der rauen Schale, die einen weichen Kern um sich herum trägt. Das Sprichwort kommt ursprünglich vom deutschen Postpaketdienst (heute DHL, für weitere Sprichwörter siehe auch »Lebenshilfe am Postschalter«).

Außerdem sollte das Paketformat der inneren Größe des Versandartikels angemessen sein. Karton und Inhalt müssen einfach zueinander passen. Zwar nicht ein Leben lang, wie Ehepartner ohne Gütertrennung, aber immerhin für die gemeinsame Zeit der Überlandverschickung. Hier wird auch heute noch viel falsch gemacht. Gerade geizige Kunden versuchen oft, selbst sperrigste Haushaltsgeräte in einen kostengünstigen Faltkarton Größe 2 reinzuquetschen. Das ist Sparen am falschen Ende! Spätestens auf dem Förderband der nächstbesten Umschlagstation trennt sich die Spreu vom Weizen. Die Nähte platzen weg, und Ihre empfindliche Espressomaschine wird durch die Erschütterung regelrecht aus dem Paket herausgeschleudert und in unbrauchbare Einzelteile zerlegt. Gönnen Sie sich ein ordentliches Packset Größe L mit all seinen beigefügten Klebestreifen für die Sicherheitsverwahrung Ihrer Wertgegenstände (siehe unten).

Genauso falsch wie Versandgüter aller Art in Miniaturverpackungen zu stopfen ist es aber auch, wenn stinkreiche Postkunden ein einzelnes Taschenbuch in einem riesigen Umzugskarton auf Reisen schicken.

Das ist reine Verschwendung. Und unsozial noch dazu! Wie viele Lebensmittel hätten in dem Resthohlraum Platz finden und in dritten Ländern in aller Ruhe aufgegessen werden können?

Achten Sie auf preiswerte Tarife

Wie in jedem guten deutschen Supermarkt, so gibt es natürlich auch bei der Post/DHL viele Sonderangebote. Da heißt es dann: Schnäppchenjäger aufgepasst und zugreifen, solange der Vorrat reicht!

Gerade wenn Sie eine große, bedürftige oder verarmte Verwandtschaft an den Hacken haben, der Sie öfter mal das eine oder andere Hilfspaket zukommen lassen müssen, sollten Sie auf günstige Tarife achten.

Z. B. kostet ein Zehnerset Päckchenmarken (bis zu 2 kg Gesamtgewicht) nur 39 Euro. Das ist der reine Barpreis. Ohne Skonto oder Studentenvergünstigung. Schon da würde sich der Zugriff lohnen!

Aber jetzt kommt's: Fünfzig Päckchenkarten derselben Gewichtsklasse kriegen Sie schon für 189,90 Euro. Was sagen Sie nun? 189,90 Euro!! Sie sparen 5,10 Euro im Verhältnis zur Zehnerkarte. Und die Zehnerkarte an sich ist ja schon stark vergünstigt.

Wenn Ihre Verwandtschaft aber vielleicht sogar noch größer ist oder Sie über ein soziales Herz verfügen und auch vor Fremdschenkungen nicht haltmachen, dann können Sie mit der 100er-Karte so richtig viel Geld sparen. Die kostet nämlich sage und schreibe nur ganze 370 Euro. Damit sparen Sie pro Päckchen 20 Cent. Wenn man das in Zinsen ausrechnen würde, wären es bestimmt wesentlich mehr Gewinnzinsen, als jedes Girokonto auf dem freiwilligen Markt rausrücken würde.

Und dies betrifft nur die Leichtgewichte. Bei den richtig schweren Jungs, d. h. Pakete bis zu 30 kg und mehr, kommt dann noch mal eine Menge Rabattersparnis obendrauf. Z. B.

kostet das 100er-Set Paketmarken bis zu 31,5 kg Gesamtgewicht nur 1270 Euro. Billiger geht's wirklich nicht mehr. Und je mehr Sie verschicken, desto mehr sparen Sie. So ein richtiger Teufelskreis ist das. Schenken und dabei reich werden. Da bewahrheitet sich wieder mal das Sprichwort, in dem Geben und Nehmen zwei gleich große Medaillen einer einzigen Münze sind.

Päckchen und Pakete immer gut verschließen

Wie Sie ja wissen, werden die Packsets der Post in verschiedenen Größen *(von XS = sehr klein bis L = das müsste reichen)* angeboten und enthalten eine genaue Bastelanleitung für den Zusammenbau des Pakets. Außerdem ein Kleinsortiment von Hartklebestreifen und wasserfesten Etikettenvorlagen, die, vorschriftsmäßig angewendet, eine solide Versendungsbasis für den Kunden darstellen.

Natürlich können auch hierbei wieder viele Fehler gemacht werden. Gerade Kunden, die technisch nur wenig vorbelastet sind und Schwierigkeiten mit der Umsetzung von Theorie und Praxis haben, tun sich oft schwer, die eingezeichneten Knickstellen unfallfrei zu falten und zusammenwachsen zu lassen, was zusammengehört. Häufig sind es Künstler aller Art, die außer Malen und Pinsel-Auswaschen kaum etwas zustande bringen in ihrem bunten Leben, oder es sind Lehrer (Ausnahme Physik) oder weltfremde Politiker, die zwar am grünen Tisch die schönsten U-Boot-Kriege nachspielen, aber selbst noch nie eigenhändig einen Nagel in der Wand versenkt haben. Es sind dieselben Leute, die ihr Bücherregal von IKEA nach Feierabend so zusammenschrauben, dass es nach getaner Arbeit aussieht wie der Turm in Pisa und auf keinen Fall belastet werden darf.

Das Wichtigste bei der Paketversendung ist und bleibt die Außenwirkung. Das Paket muss einfach sehr gut abgedichtet, also verklebt werden, damit kein Inhalt nach draußen dringen kann. Selbst wenn Sie beim Zusammenbau vielleicht einige Nähte und Schnittstellen im Inneren übersehen und nicht ganz vorschriftsmäßig zusammengefügt haben, wenn die Außenhülle stabil und gut verklebt ist, müssen Sie sich über den inneren Zustand Ihres Pakets keine großen Sorgen machen.

Entsprechend gilt: Nicht kleckern, sondern klotzen.

Im freien Handel werden heute so viele Hartklebeartikel auf Sekundenbasis angeboten, dass Ihnen die Qual der Wahl erhalten bleibt.

Also: Nie am Kleber sparen! Immer volle Tube voraus! Hauptsache, Ihr Paket hält bis zum Empfänger durch. Wie der es dann aufkriegt, ist nicht mehr Ihre Sache.

Geschichten, die
das Postleben schreibt 2:

»Hoch auf dem gelben Wagen«

Ich selbst habe diese heimliche Nationalhymne der Deutschen Post AG schon unzählige Male in meinem Leben gesungen, wenn nicht sogar noch öfter. Zu allen möglichen Anlässen wie Jubiläen, morgens zu Dienstbeginn, oder auch auf Kindergeburtstagen von Mitarbeitern, es passt einfach immer. Es ist so ein fröhliches Volkslied, das jeder Mensch sofort gerne mitsingen kann, weil es so bekannt ist. Viele Menschen, und noch mehr Postkunden, denken ja, der frühere Bundespräsident Walter Scheel hätte diesen Hit gelandet. Aber das stimmt nicht, er hat ihn nur gecovert, also eigentlich geklaut. Und das auch erst ungefähr hundert Jahre später, nachdem nämlich ein Berliner Apotheker zu dem gleichlautenden Gedicht eine Melodie zusammengemixt hatte.

Ich persönlich war zwar noch nie Bundespräsident, aber

dafür seit meinem Dienstbeginn im Jahre 1979 bis zu meinem plötzlichen Ausscheiden viele Jahre Mitglied im Männergesangverein der Post (MGVP). Unser Männergesangverein der Post war schon im Jahre 1927 gegründet worden und zählte zu meiner Zeit 38 aktive Mitglieder und 16 passive – oder auch »stumme«, wie sie bei uns genannt wurden. Bei den Gesangsproben am Mittwochabend sangen dann aber ausschließlich die Aktiven. Die Stummen guckten nur zu und hörten sich das Ganze bewundernd mit offenem Mund an. Das ist genauso wie beim Fußball. Da gibt es auch aktive Spieler, die sich direkt und mit eigenem Einsatz um den Ball kümmern, und die Zuschauer, die das Ganze nur stumm aus der Ferne mitkriegen. Es wäre für ein spannendes Fußballspiel einfach nicht gut, wenn plötzlich ein Zuschauer ungefragt auf das Feld rennen und mitspielen würde. Und genauso wenig wäre es für unsere Lieder gut, wenn so ein stummes Mitglied anfangen würde zu singen.

Die teilnehmenden Sänger in unserem Verein kamen aus den drei verschiedenen Postsparten, z. B. aus dem mittleren, nichttechnischen Postdienst. Hier war ich zu Hause, und wir stellten mit Abstand die meisten freiwilligen Mitglieder. Insgesamt siebzehn Stück. Ob Bass, Tenor oder Mezzosopran, der mittlere, nichttechnische Postdienst war in allen Tonlagen stets klangsicher vertreten.

Der Fernmeldedienst (heute Telekom) stellte immerhin noch zwölf Sänger ab. Alles ausschließlich Tenöre. Ich habe in meiner gesamten Laufzeit nicht einen einzigen Fernmelder kennengelernt, der mal was anderes auch nur versucht hätte. Das kommt daher, weil Fernmelder beruflich viel mit Telefonen zu tun haben. Anschlüsse installieren, Störfälle ausfindig machen usw. Ständig haben sie den Hörer am Ohr und müssen sich dieses tutende Freizeichen mit anhören, ob sie wollen oder nicht. Bis zu mehreren Stunden täglich. Tuuuuut, tuuuut, tuuuuut … von morgens bis abends. Rein tontechnisch gesehen, ist dieses Freizeichen aus einer Tenorlage heraus komponiert worden. Also aus einer mittleren Tonanlage. Nicht zu hoch und nicht zu tief, also eher tonneutral. Dadurch hatten sich die Fernmeldetechniker mit zunehmenden Dienstjahren so sehr an diesen einen Ton gewöhnt, dass sie selbst nach Dienstschluss nichts anderes mehr singen konnten, selbst wenn sie gewollt hätten. Fernmelder sind, rein tontechnisch gesehen, sehr eingeschränkte Sänger.

Nur fünf Mitglieder kamen von der Postbank. Gott sei Dank waren es nur fünf. Mehr hätten wir gar nicht verkraften können in unserem Verein. Banker singen nämlich von Haus aus nicht besonders gut. Sie können viel besser rechnen als singen. Sie haben tagtäglich mit so viel unterschiedlichsten Zahlen und Geldern zu tun, dass sie gar nicht so plötzlich von Banknoten auf Musiknoten umschalten können. Bei Bankleuten dreht sich immer alles nur ums Geld. Nie um was anderes. Die redeten nie von Stimme und schönen Tönen wie wir anderen, sondern immer nur von Gewinnoptimierung des Musikgenusses und Sparmaßnahmen von Moll-Akkorden in ansonsten fröhlichen Heimatliedern.

Aber so zusammengewürfelt wir auch waren in unserem MGVP, gehörten wir trotzdem irgendwie zusammen wie Pech und Schwefel. »Einer für alle, und alle für einen«, war immer unser Motto auf internationalen Chorwettbewerben gewesen. Wenn einer von uns mal im Ton etwas danebengegriffen hatte, dann waren all die anderen sofort zur Stelle, um ihn da wieder rauszuhauen. Die haben einfach etwas lauter gesungen, und die falschen Töne wurden dadurch einfach überstimmt.

»Hoch auf dem gelben Wagen« hieß das Lied, mit dem wir im August 1995 auf dem Chorwettstreit norddeutscher Männergesangvereine in Clausthalzellerfeld im Harz an den Start gehen wollten. Mit diesem Lied hatten wir uns die größten Chancen auf einen der vorderen Plätze ausgerechnet. Immerhin war es uns allen seit Ewigkeiten bekannt, da musste man nicht erst viel auswendig lernen. Viele hatten es ja schon in ihrer eigenen Jugend bei Freizeiten mit den »Postknirpsen« am Lagerfeuer gesungen. Wie gesagt, ich selbst hatte es auch schon Hunderte Male zum Besten gegeben, und sämtliche Töne und Textpassagen waren mir, genau wie die Muttermilch, in Fleisch und Blut übergegangen. Ich glaube, man hätte mich sogar in der tiefsten Nacht aus meinem Schlaf herausreißen können, vielleicht sogar mit Grippe in den Knochen oder mit etwas Restalkohol im Blut, »Hoch auf dem gelben Wagen« hätte ich trotzdem jederzeit fehlerfrei singen können. Auswendig. Ich glaube sogar, dass ich das Lied selbst in akuten Notsituationen vortragen könnte. Also selbst wenn z. B. unser Wohnblock abbrennen würde oder ich mitten im Ozean kurz vorm Ertrinken wäre. Selbst dann, wenn mir das Wasser schon bis zum Hals stehen würde, solange mein Mund auch nur noch eine einzige Handbreit aus dem Wasser guckt, würde ich mir das Singen von niemandem verbieten lassen.

Die »Sangesfreunde Elmshorn« gingen in Clausthalzellerfeld als Favoriten ins Rennen. Bei denen saß jeder einzelne Ton. Ein eingetragener Verein, der schon vor dem zweiten Weltkrieg gegründet worden war und mit 54 Aktiven ein gewaltiges Stimmvolumen aufs Parkett legen konnte. Für den Gesangswettstreit hatten sie sich mit »Horch, was kommt von draußen rein« angemeldet. Ein vierstimmiger Chorsatz mit reichlich Tücken in den Oberstimmen. Nicht ganz einfach zu singen. Dabei haben sich schon die routiniertesten Sänger die Zähne dran ausgebissen. Es ist stimmlich wirklich sehr hoch. Da lässt sich manches nur mit der eigenen Kopfstimme singen. Kopfstimme sagen wir Chorsänger dazu, wenn es in einem Lied wirklich sehr hoch hinaus geht, also wenn der Kopf deutlich höher singen muss als der Rest des Körpers.

Neben den Elmshornern und uns gingen noch fünf weitere Vereine aus der norddeutschen Tiefebene an den Start. »Turbine Zarrentien« hieß ein Verein aus Mecklenburg-Vorpommern. Vor der Wende hieß er noch »Männerchor der Werktätigen« und war auch danach noch viele Jahre auf das Hoheitsgebiet der ehemaligen neuen Länder beschränkt gewesen. Auch ein paar Stasi-Mitarbeiter hatten sich in ihre Reihen gemogelt und sangen sich nun aus Leibeskräften direkt in die Herzen des ehemaligen Klassenfeindes hinein. Dann war da noch ein Seniorensingverein aus Hannover, der MGV »Deutsche Eiche« aus Schöppenstedt und ein Chor von Bürgern mit Migrationshintergrund, die mit dem Song »Einigkeit und Recht und Freiheit« zeigen wollten, dass sie es mit der Integration in Deutschland wirklich ernst nahmen.

Pünktlich um neun Uhr am nächsten Morgen fiel dann der endgültige Startschuss. Der erste Vorsitzende des Dachverbandes norddeutscher Männergesangvereine trat ans Mikrophon und begrüßte uns alle aufs Herzlichste. Danach wurde die Reihenfolge der Teilnehmer ausgelost, und noch vor der Mittagspause legte »Turbine Zarrentien« mit ihrem ersten Kracher los – »Ich weiß nicht, was soll es bedeuten«. Wir vom MGVP waren als Dritte an der Reihe, direkt nach den Türken. In einem Abstellraum für Turngeräte konnten wir uns umziehen und einsingen. Ich persönlich mag das Warmsingen sehr. Diese Ruhe vor dem Sturm. Man fühlt sich wie ein Hundertmeterläufer kurz vorm Schuss. Nur dass der Läufer beim Warmmachen natürlich nicht singt, sondern noch mal in aller Ruhe seine Strecke abgeht.

Unsere Stimmung untereinander war sehr gut an diesem Tag. Sogar die Postbanker waren konzentriert und hatten für einen Moment ihre Zinserträge und Wertpapiere zur Seite gelegt. So ein gemeinsamer Wettkampf schweißt die ganze Truppe einfach noch heftiger zusammen als sonst. Man genießt die gemeinsame Vorfreude, obwohl man doch sehr nervös ist. Nervös waren wir alle, einer wie der andere. Herbert Krause von den Fernmeldern z. B. hatte sehr mit seinem Lampenfieber zu kämpfen. An und für sich ein kräftiger und klangsicherer Tenor, seit über dreißig Jahren aktiv dabei, überkamen ihn kurz vor Toresschluss doch immer wieder berechtigte Zweifel. Schweiß drang in seine Stirn ein, und er vergaß den Text. »Was kommt noch mal nach: ›Hoch auf dem gelben Wagen‹?«, fragte er dann voller Panik in die Runde. Ihm fällt dann einfach die zweite Zeile nicht ein. Selbst längeres Überlegen hilft nichts. »Sitz ich beim Schwager vorn«, sagen wir ihm dann alle im Chor zu. Diese Zeile mit dem Schwager will ihm nicht über die Lippen. Da hat er immer eine regelrechte Singblockade. Das liegt daran, dass er privat tatsächlich einen leibhaftigen Schwager in der Verwandtschaft hat, mit dem er überhaupt nicht gut kann. Die beiden sind untereinander sogar fast verfeindet, weil dieser Schwager ihn wohl mal in einer Erbangelegenheit betrogen haben soll. Seitdem gehen sich die beiden aus dem Weg und reden kein vernünftiges Wort mehr miteinander. Schweigen wie im Walde. Kein Gratulieren zu Geburtstagen und keine gemeinsamen Fernsehabende mehr. Einmal hat Herbert sogar seine Position als Fernmelder ausgespielt und seinem Schwager kurzerhand die Telefonleitung kappen lassen. »Kein Anschluss unter dieser Nummer« war wochenlang das Einzige, was das Telefon seines Schwagers noch von sich geben konnte. Ich kann verstehen, dass er die Zeile mit dem Schwager nicht so gerne singt. Ich glaube, wenn ich so einen kriminellen Verwandten hätte, hätte ich auch keine Lust, mit dem gemeinsam auf einer goldenen Pferdekutsche zu sitzen und Lieder zu singen. Aber ich bin ja ledig und habe daher auch keinen Schwager. Gott sei Dank, da bleiben mir solche Probleme und Singblockaden erspart.

Trotzdem bin auch ich immer sehr nervös, bevor es losgeht. Aber das gibt sich schnell wieder. Sobald die Kehle erst mal geöffnet ist, kommen mir Text und Gesang meist flüssig und fehlerfrei über die Lippen. Die einzige Angst, die ich beim Singen habe, ist die Angst vor Fliegen. Stubenfliegen, Wespen aller Art, Großmücken – das sind die Tiere, die mir in Wettkampfsituationen Kopfschmerzen bereiten. Ich habe mich nämlich einmal beim Singen so kräftig mit einer Stubenfliege verschluckt, dass mir schlagartig die Luft wegblieb. Ich hab gehustet und gewürgt, was die Lunge hergab. Zehn Minuten hat das Ganze gedauert. Schließlich musste das Lied abgebrochen werden, wir wurden disqualifiziert und ich für ein Jahr vom Dachverband gesperrt.

Das werde ich nie vergessen. 1993 war das. In Bargteheide, im Hochsommer. Mitte August. Bundeschorwettstreit der eingetragenen Männergesangvereine. Zwölf Uhr mittags. Es war heiß und daher das gesamte Singen kurzfristig nach draußen verlegt worden. Direkt an die frische Luft. Vom Prinzip her eine gute Sache, sich beim Singen den Wind um die Ohren wehen zu lassen. Das kann die Stimmung durchaus heben. Wenn da nicht die vielen Fliegen gewesen wären. Fliegen und anderes Ungeziefer haben bei Open-Air-Veranstaltungen natürlich freien Zutritt und machen davon auch reichlich Gebrauch. Wir haben alle stark geschwitzt damals unter der heißen Sonne von Bargteheide. Der Schweiß lief uns in Scharen herunter, und die Fliegen strömten in Massen durch den Eingang herein. Fliegen lieben ja singende, schwitzende Männer. »Wo man singt, da lass dich ruhig nieder!«, sagen die sich. Hoch über meinem Kopf hatte sich in der Mittagshitze schon eine gewaltige Horde zusammengerottet. Überall waren sie. Mal auf meinen Haaren, dann wieder vor Mund und Nase, direkt auf Augenhöhe. Einfach überall. Aber das ist alles halb so schlimm, solange man singt. Da ist man auf der sicheren Seite. Man atmet die verbrauchte Luft aus und stößt dabei die Töne aus, die man vorher einstudiert hat. Das ist, rein technisch gesehen, der Vorgang des Singens. Damit hält man sich die Fliegen erst mal ganz gut vom Leibe. Aber irgendwann muss selbst der geübteste Sänger mal Luft holen. Und das ist die Kehrseite des Chorgesangs: das Einatmen. Beim Einatmen zieht man nämlich die Außenluft so heftig in seine Lungenflügel hinein, dass dabei alles, was einem unmittelbar vor dem Mund rumfliegt, mit angesogen wird: Ungeziefer, fallende Blätter, Jungvögel – mit irgendwas verschluckt man sich früher oder später. Selbst die winzigste Mücke wird dann in der Luftröhre zum Elefanten, und das ist in der Regel das Ende des Liedes.

So sehr ich den Chorgesang liebe, so sehr hasse ich das Einatmen von frischer Luft unter Wettkampfbedingungen.

Aber in Clausthalzellerfeld fand das Singen ja Gott sei Dank drinnen statt, in einer Turnhalle des örtlichen Sportvereins. Der gesamte Raum war mit Girlanden und Fahnen festlich geschmückt, und nur ganz selten ließen sich hoch über uns einige vereinzelte Fliegen blicken. Der Luftraum schien mir an diesem Tag sicher zu sein. Trotzdem hatte ich mir vorsichtshalber eine Flasche Insektenspray besorgt und griffbereit in der Innentasche meiner Vereinskluft verschwinden lassen. Wenn's hart auf hart kommen sollte, wollte ich mich wenigstens verteidigen können. Nicht noch einmal eine Vereinssperre riskieren. Ein Jahr ohne Singen war die Hölle für mich gewesen.

Der Ausländerchor, der vor uns drankam, machte seine Sache ziemlich gut. Der Chorleiter, ein gebürtiger Inder, der schon lange im Lande tätig war, hatte seine Truppe aber auch wirklich sehr gut eingestellt. Immer wieder hat er ihnen im Umkleideraum eingebläut, dass es nicht genügt, wenn man den deutschen Liedtext deutlich und laut singt. Besonders bei ihnen kam es darauf an, beim Singen zusätzlich auch noch »deutsch zu gucken«. Also vom Gesichtsausdruck her gesehen. Fürs Publikum. Das kommt gut an, gerade wenn man nicht von hier ist. Es genügt nicht, die Nationalhymne fehlerfrei abzusingen, das Publikum will das Deutsche auch sehen können. Und das machten die türkischen Sänger mit ihrem indischen Chorleiter wirklich gut. Bei einigen Liedzeilen guckten sie sogar noch einen kleinen Hauch deutscher als wir. Allerdings waren sie auch viel motivierter als wir. Für einige von ihnen ging es schließlich um ihre persönliche Aufenthaltsgenehmigung.

An dieser Stelle, bevor ich über unseren Gesangsvortrag berichte, muss unbedingt erwähnt werden, dass sich das organisierte Vereinssingen grundlegend vom einfachen Singen für den privaten Gebrauch unterscheidet. Der eingetragene Vereinssänger muss zu jeder Zeit das Bürgerliche Gesetzbuch im Kopf haben und befolgen. Wenn der Vereinssänger nicht höllisch aufpasst, kann das schnell böse Folgen haben. Vergessen Sie das bitte nicht, während Sie uns nun singen hören:

»Hoch auf dem gelben Wagen, sitz ich beim Schwager vorn.
Vorwärts die Rosse traben, lustig schmettert das Horn.
Felder, Wiesen und Auen, wogendes Ährengold,
Ich möchte so gerne noch schauen, aber der Wagen, der rollt.

Postillion in der Schänke füttern die Rosse im Flug.
Schäumendes Gerstengetränke reicht mir der Wirt im Krug.
Hinter den Fensterscheiben lacht ein Gesicht so hold.
Ich möchte so gerne noch bleiben, aber der Wagen der rollt.

Flöten hör ich und Geigen, lustiges Bassgebrumm.
Junges Volk im Reigen tanzt um die Linde herum.
Wirbelt wie Blätter im Winde, jauchzet und lacht und tollt.
Ich bliebe so gern bei der Linde, aber der Wagen der rollt.

Sitzt einmal ein Gerippe dort beim Schwager vorn,
schwenkt statt der Peitsche die Hippe, Stundenglas statt Horn.
Sag ich: Ade nun ihr Lieben, die ihr nicht mitfahrn wollt.
Ich wäre so gern noch geblieben, aber der Wagen der rollt.«

Wir waren wirklich gut in Form an diesem Tag. Keine falschen Töne, kein Schwager wurde vergessen, keine Fliegen in der Kehle, laut und deutlich spulten wir alle vier Strophen fehlerfrei herunter, und das Pfefferspray konnte bleiben, wo es war. Ich glaube, wir waren so gut wie noch nie an diesem Tag. Es hätte also normalerweise reichen müssen für uns.

Wenn da nicht die Vereinssatzung gewesen wäre.

Im § 38 u. § 39 ist dort nämlich die Vereinsmitgliedschaft

geregelt, mit allem Drum und Dran: Eintritt, Austritt, Beitrag und alles über aktive und stumme Vereinsmitglieder. Und aus diesen Regeln drehte man uns nun den Strick, der das Fass zum Überlaufen brachte: Als ich nach dem Fliegenangriff in Bargtheheide für ein Jahr gesperrt worden war, bin ich für die Sperrzeit zu den stummen Mitgliedern gewechselt, weil ich da nur den halben Beitrag bezahlen musste. Und dann hatte ich schlicht vergessen, mich ein Jahr später wieder aktiv zu melden. Das war mein Fehler. Irgendwer von den Elmshornern hatte das gemerkt und sofort an den Verband gemeldet. Ich hätte niemals als Stummer an einem aktiven Singwettbewerb teilnehmen dürfen.

Das Ende vom Lied: Wir wurden disqualifiziert und mussten ohne Abendbrot und Pokal wieder nach Hause fahren. Lange Zeit bin ich da nicht drüber weggekommen. Aber ich habe gelernt daraus. So ein Fehler passiert mir heute nicht noch mal. Ich weiß jetzt, dass gutes Singen für den Vereinsgesang zwar wichtig ist, aber nicht das Wichtigste. Wenn die Töne zwar gut und richtig, aber durch eine stumme Mitgliedschaft unrechtmäßig erworben worden sind, dann sind selbst die höchsten Töne hinfällig und müssen vom Verband aberkannt werden.

Postlexikon
K bis P

K

Kastenleerung

Die Briefkastenleerung findet generell statt:
- In Großstädten: 2 x täglich
- In mittelgroßen Ortschaften: 1 x täglich
- Auf dem Lande: wöchentlich
- Mecklenb.-Vorpommern: nur, wenn der Kasten wirklich voll ist.

Kinderpost

Spielschalter für postinteressierte Kinder und Jugendliche. Der Schalteraufbau ist kleiner als im Original, und Vordrucke oder Überweisungsformulare sind ausschließlich für den Spielgebrauch bestimmt. In der Regel sind Schalter einer Kinderpost nur nachmittags für wenige Stunden geöffnet.

L

Luftpost
Briefe, die mit Hilfe von Großflugzeugen von Ort zu Ort verbracht werden. Nachteil: Bei einem Flugzeugabsturz können selbst sorgfältig beschriftete und gewissenhaft frankierte Sendungen eventuell nie, verspätet oder stark beschädigt eintreffen.

M

Maxibrief
In ihm werden Sachen versendet, die für einen Standardbrief zu groß und für ein Päckchen zu klein sind. Nichts Halbes und nichts Ganzes. Maxibriefe werden oft von Postkunden mit labilem Charakter verwendet, die sich nur schwer für eine Sache entscheiden können.

Mahngebühr
Hieß früher Zahlungserinnerungsbetrag und sollte säumige Postkunden dazu bewegen, sich von ihrem Geld zu trennen. Heute wird das »Anmahnen« in der Regel vom Postzusteller selbst übernommen. Schon bei dessen Bewerbung wird sehr darauf geachtet, dass er/sie mindestens 1,90 m groß und kampfsporterfahren ist.

Mindestgebühr
Der kleinste Betrag, den Sie bei Inanspruchnahme von Postdienstleistungen oder dem Erwerb von Postwaren einsetzen können. Laut aktuellem Gebührenkatalog ist dies eine Brief-

marke im Wert von 10 Cent. Da die Post aber keine Sendungen für nur 10 Cent befördert, ist diese Marke ausschließlich zum Sammeln geeignet.

Mehrsprachigkeit
Folgende Standardbegriffe sollte jeder Postbedienstete fließend auf Englisch hervorbringen können:
- Guten Tag. Schön, dass Sie sich für die Deutsche Post AG entschieden haben.
- Sprechen Sie deutsch?
- Nein?
- Schade.
- Auf Wiedersehen.

Auf Russisch kämen dann noch die Sätze dazu:
- Wie viel Geld möchten Sie?
- Nehmen Sie bitte die Waffe runter.

N

Nachforschungsdienst
s. Sendungsverfolgung

Nachsendeservice
Wenn Sie viel reisen, sollten Sie vom Nachsendeservice der Post Gebrauch machen. Egal, ob Sie auf der chinesischen Mauer wandern oder sich in Somalia die Sonne auf den Bauch scheinen lassen, auf Rechnungen und Mahnungen müssen Sie auch im Urlaub nicht länger verzichten.

Nutzer

Kurzform für Postnutzer. Postnutzer sind Kunden der Deutschen Post AG, die das Know-how und die Hilfsbereitschaft der Post in Anspruch nehmen, um einen persönlichen Nutzen daraus zu ziehen. Die Zeit, die der Nutzer hierbei beansprucht, nennt sich Nutzungszeit.

O

Obdachlos

Postzustellung bei Obdachlosen kann sehr zeitaufwendig sein. Wegen der fehlenden Anschrift kann sich der Zusteller einzig und allein auf sein Bauchgefühl verlassen. Oft erreicht er den Obdachlosen erst nach tagelangen, beschwerlichen Wanderungen durch Fußgängerzonen und Parkanlagen.

Oberpostdirektion

In der Regel ein mehrstöckiges Gebäude, in dem viele Postmitarbeiter ihren Dienst verrichten. Aber auch die Erholung wird hier großgeschrieben. Neben zahlreichen Büros und Arbeitsräumen gibt es Fitness- und Ruheräume, Bastelwerkstatt, Sauna, Badelandschaft usw. Die Mitarbeiter sollen sich hier rundum wohl fühlen und nach einem anstrengenden Wochenende gern an ihren Arbeitsplatz zurückkehren.

Öffnungszeiten

Zeiten, in denen die Tore der Postämter für alle Menschen weit offen stehen. Durch die voranschreitende Globalisierung wird angestrebt, die Öffnungszeiten weltweit gleichzuschalten. Das heißt, eine Postfiliale in Wladiwostok hätte dann genau zur gleichen Zeit auf wie die Post in Itzehoe.

Vorteil: Kein Zweizeitensystem mehr für Postbenutzer.

Nachteil: Veränderter Schlafrhythmus, wenn Sie sich nachts um halb drei in der Warteschlange anstellen müssen.

P

Personenbeförderung
Klettert ein Postmitarbeiter auf der Gehaltsliste eine Stufe nach oben, spricht man von einer Personenbeförderung.

Porto
s. Postwertzeichen

Posteingang
Klinken-, Dreh- oder Automatiktür, die das Eintreten in ein Postgebäude ermöglicht. Außerhalb der Öffnungszeiten bleibt der Posteingang geschlossen.

Postwertzeichen
Landläufig auch Briefmarken genannt. Sie eignen sich sowohl zum Freimachen von Briefen als auch zum Bestücken von Briefmarkenalben.

Briefmarkensammler (Philatelisten) sind leidenschaftliche Lebenskünstler, die alles für eine gute Briefmarke tun. Hat sich ein Sammler erst einmal in eine Briefmarke verguckt, so bleibt er oft ein Leben lang an ihr kleben und hängt an jeder einzelnen Zacke.

Postsache

Ist allein Sache der Deutschen Post AG und geht niemand anders etwas an.

Postobersekretär

Dienstgradbezeichnung für Beamte im mittleren, nichttechnischen Postdienst. Nicht zu verwechseln mit dem Begriff: Oberpostsekretär (Möbelstück, welches verbreitet in Diensträumen der Oberpostdirektion steht).

Empfänger –
die passiven Kunden 1:

Welcher Kundentyp sind Sie?

Da wir von der Post unseren Beruf lieben, freuen wir uns auch meist schon vor dem Aufstehen auf die Kunden, die uns an jedem neuen Tag die Arbeit versüßen. Das gilt besonders für die Zusteller, die täglich den Weg zu Ihnen nach Hause suchen und häufig auch finden. Ob Briefträger oder Postboten, die meisten werden herzlich in Empfang genommen: Oft winkt man ihnen schon vom Fenster aus zu, viele rennen sofort sämtliche fünf Stockwerke hinunter, um ihnen den beschwerlichen Aufstieg zu ersparen, und immer wieder gibt's reichlich Trinkgeld, wenn man einem glücklichen Postempfänger einen Brief überreicht.

Aber es gibt auch schwierigere Fälle. Da muss man als Zusteller schon ordentlich geschult sein, um dem jeweiligen Postempfänger auch das richtige Verhalten entgegenzubrin-

gen. Sonst wird womöglich alles noch viel schlimmer und am
Ende kommen noch unschuldige Postsendungen zu Schaden.
Wenn Sie selbst in eine der folgenden Kategorien hineinfallen – und ich bitte Sie, hier ganz ehrlich mit sich zu sein –,
dann überlegen Sie doch mal, wie es Ihnen im umgekehrten
Falle gehen würde. Nehmen Sie Ihr Herz in die Hand, und
springen Sie über Ihren eigenen Schatten. Das Schönste daran: Am Ende profitieren Sie selbst davon, denn ohne Problem-
fälle kann der Postbedienstete seine Arbeit schneller und besser erledigen.

Der Spätaufsteher

Erreicht meist erst nach mehrfachem Klingeln völlig übermü-
det und auf allen vieren seine Eingangstür. Öffnet dann im
Bademantel, unrasiert, und mit fliegenden Haaren gähnt er
dem Zusteller ins ungeschminkte Gesicht. Oft ist ihm nur
sehr schwer zu vermitteln, was man von ihm möchte, weil das
Gehirn eines Spätaufstehers in den frühen Morgenstunden
noch nicht volle Leistung fährt. In sehr schwierigen Fällen
muss der Zustellvorgang abgebrochen und zu einem späteren
Zeitpunkt wiederholt werden.

Der Einsame

Hat oft schon stundenlang heimlich hinter der Gardine auf
den Zusteller gewartet. Meist ist er erst seit kurzer Zeit geschieden oder verwitwet. Vielleicht aber auch schon gleich
nach seiner Geburt vereinsamt. Oft fällt ihm die Decke zu

Hause auf den Kopf, und er ist für jede Abwechslung und jedes gesprochene Wort dankbar. Mit einem freundlichen »Guten Morgen« oder einem erfrischenden »Heut wird bestimmt ein herrlicher Tag« lassen sich solche Leute fast immer aufmuntern und aus ihrem Alltagsgrau vertreiben.

Der Gesellige

Egal, zu welcher Tageszeit und wie oft der Postmann bei ihm klingelt, er ist immer in bester Feierlaune. Eine wahre Frohnatur. Im Rheinland häufiger anzutreffen als in Schleswig-Holstein. Ständig stehen hochprozentige Flaschen bereit, und ohne einen anständigen Schluck will er seinen Briefträger oder Paketboten einfach nicht weiterziehen lassen. Das kann dann mitunter dauern, bis der Alkohol abgebaut und der Zusteller wieder fahrtüchtig ist.

Der Gesellige redet auch sehr gern und viel, hört aber selbst kaum zu. Es kann sein, dass ein geselliger Mensch seinem Postgutlieferanten an einem Tag mehrfach sein gesamtes Leben erzählt, ihn aber schon am nächsten Tag nicht mehr wiedererkennt.

Der Hundebesitzer

Ist eine Menschengattung für sich. Er hält Hunde für die besseren Menschen und ist auch sonst ausschließlich an Vierbeinern interessiert. Wenn er überhaupt mal mit einem Menschen redet, dann nur über seinen Hund.

Ständig dressiert er an Hunden wie auch an Menschen

herum und will ihnen irgendwelche Kunststücke beibringen. Z. B. musste ich bei einem sehr dominanten Hundebesitzer immer erst vor der Haustür »Sitz machen«, bevor ich ihm die Post übergeben durfte. Das war am Anfang erst einmal sehr ungewöhnlich für mich, aber als ich dann von ihm zur Belohnung immer mein »Leckerli« in den Mund geschoben bekam und er »Brav, Herr Thielke« gesagt hat, fand ich es irgendwann gar nicht mehr so schlimm. Trotzdem: Auch wir Zusteller müssen auf gesunde Ernährung und ausreichende Menschenwürde achten.

Der Eitle

Nicht zwei-, sondern mindestens fünf- bis sechsmal muss der Postmann bei dieser Kundengattung klingeln, bevor sich die Türklinke zum ersten Mal bewegt. So lange braucht er oder sie nämlich, um sich vor dem Badezimmerspiegel auf seinen oder ihren Auftritt vorzubereiten. Die Außenwirkung geht eitlen Postkunden über alles. Ob sie ein Päckchen oder Einschreibebrief entgegennehmen müssen oder auch nur eine Sendung für den Nachbarn unterschreiben, für alles sollen wir ihnen immer reichlich Beifall spenden. Ich selbst habe in meiner aktiven Zustellerzeit solchen Menschen, wenn sie sich zum Abschied verneigt haben, oft stundenlang applaudiert.

Der Nörgler

Hat an allem was auszusetzen und ist mit der Postleistung nie zufrieden. Der Zusteller kann machen, was er will, bei Nörg-

lern hat er einfach keine Chance. Entweder ist ihm der Zusteller zu spät oder zu pünktlich dran, zu unrasiert, zu alt, zu klein, oder er steckt generell im falschen Körper, weil der Herr Postempfänger an dem Tag einfach lieber eine weibliche Zustellerin gehabt hätte. Nie kann man es den Nörglern recht machen. Man könnte ihnen die frohe Botschaft von einem Millionengewinn mitten ins Haus bringen, sie würden sich trotzdem beschweren, weil man vorher nicht laut genug »Guten Morgen« gesagt hat.

Der Ostdeutsche

Nach der Wende zugezogene oder eingemeindete ostdeutsche Mitbürger sind auch nicht die unkompliziertesten Postkunden. Manche Dinge waren sie drüben einfach anders gewohnt, als es bei uns der Fall ist. Z. B., dass sie hier die Briefe immer nur verschlossen und zugeklebt erhalten. Das kannten sie nicht. Von der Ostpost waren sie früher immer den Service gewohnt, die Briefe bereits geöffnet und vorkorrigiert zu erhalten. Da haben die zuständigen Stellen einfach mal vorher einen kurzen Blick drauf geworfen und Randnotizen gemacht, um größeres Unheil vom Empfänger abzuwenden. Wenn jetzt ein Brief oder sogar ein Paket verschlossen und völlig unbearbeitet daherkommt, dann hegen sie gleich einen schlimmen Verdacht, den sie dem Zusteller dann auch meistens sofort an den Kopf werfen. »Wir haben nichts zu verbergen«, sagen sie empört, öffnen den Brief und lesen ihn laut dem Zusteller und allen lauschenden Mitmenschen aus der Nachbarschaft vor.

Der Reinliche

Oft weiblicher Natur. Hat es sich zur Lebensaufgabe gemacht, das Innere des Hauses möglichst sauber und keimfrei zu erhalten. Betreten verboten! Häufig ist es sogar schwierig, überhaupt nur bis zum Klingelknopf der Kundin vorzudringen, weil auch die Außentreppe gründlich mit Schmierseife vorbehandelt worden ist.

Putzteufel hassen Dreck und Ungeziefer jeder Art. Z. B. hatte ich mal einen sehr hartnäckigen Dauerfleck in meiner Diensthose, eine Mischung aus schwerem Motorenöl und Kalbsleberwurst. Hab ich nie rausgekriegt. Dreieinhalb Stunden habe ich bei der Kundin vor der Tür gestanden, aber als ich dann endlich die Hose wieder anziehen und gehen durfte, war der Fleck porentief rausgewaschen. Und ich konnte sauberen Herzens und frisch gebügelt meine Tour fortsetzen.

Der Religiöse

Bekommt oft zentnerweise christliche Post von kirchlichen Verlagen und evangelischen Kampfgruppen zugeschickt. Schon auf seinem Briefkasten klebt ein Aufkleber: »In diesem Haus wohnt Jesus.«

Solche Menschen reden viel von Maria und Josef und ihren zwölf Geschwistern, von Wundern, und dass jeder das ewige Leben erreichen kann, wenn er sich nur ausreichend Zeit dafür nimmt. Alles Dinge, die mir als verbeamteten Postmitarbeiter sowieso nicht fremd sind. Ich weiß, was Ewigkeit bedeutet. Das hab ich ja tagtäglich an meinem Schalter erlebt. Und Wunder gibt es immer mal wieder, das weiß doch jedes

Kind, dafür muss ich doch nicht das Jesuskind zur Unter-
miete wohnen haben.

Der Stalker

Manche Postkunden haben sich so sehr an den täglichen Besuch ihres Briefträgers oder Paketboten gewöhnt, dass sie ihn
auch für den Rest ihres Tages nicht mehr missen möchten.
Gerade Frauen sind von einem männlichen Zusteller oft so
hingerissen, dass sie sich ein Leben ohne ihn gar nicht mehr
vorstellen können. »Wo du hingehst, da will auch ich hingehen«, sagen sie sich. Und tun es dann auch. Heften sich an
seine Fersen, überschütten ihn mit alkoholischen Getränken
oder Autofachzeitschriften, bis der arme Post- oder DHL-Be-
dienstete irgendwann nicht mehr aus und ein weiß. Entweder
endet das Ganze dann vor Gericht oder vorm Standesamt. So
oder so liegen bis dahin viele Nerven blank, und viele Sendungen landen vor lauter Stress im falschen Briefkasten. Das
muss doch nicht sein!

Kundenbeschwerden

Was Sie selbst dagegen tun können

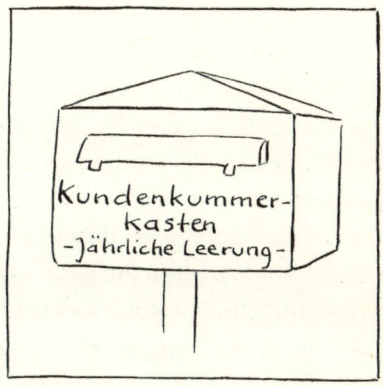

Fallbeispiel 7
Alleinerziehender Mutter die Briefzustellung verweigert

Frau Ursula M. (37) aus I. (Ingelheim) lebt von ihrem Ehemann getrennt. Am 15. Juni dieses Jahres wollte die alleinerziehende Mutter mit ihren drei Kindern für zwei Wochen in den Sommerurlaub nach Südfrankreich fahren. In vorangegangenen Jahren haben sich die Nachbarn während ihrer Abwesenheit um ihre Post gekümmert. In diesem Jahr aber ging das nicht, da waren sie selbst weg. Daher beantragte Frau M. (Meinerzhagen) bei der Post einen Lagerauftrag. Für nur 8,20 Euro bis 1 Monat und 10,20 Euro für drei Monate (Achtung: Schnäppchen) werden die Briefe in der beantragten Zeit bei der Post gesammelt und nach Ablauf dieser Frist dem Antragsteller eigenhändig ausgehändigt.

Beim Ausfüllen dieses Lagerauftrags unterlief Frau M. jedoch ein folgenschwerer Fehler. Als Tag der Rückkehr schrieb sie statt den 11. Juli (11. 07.) versehentlich 07. 11., also den 07. November, in das zuständige Rechteck auf dem Antragsformular.

Gut erholt aus dem Urlaub zurückgekehrt, kommt sie jetzt nicht mehr an ihre Briefe heran. Bis zum einschließlich 07. November gehen sämtliche Briefe bei der Post ein und werden dort sicher aufbewahrt. Alle Bitten um vorzeitige Herausgabe stießen bei der Post auf taube Ohren.

Seit zwei Wochen bekommt Frau M. regelmäßig Besuch von Gerichtsvollziehern. Zwangsvollstreckungen sollen eingeleitet werden, weil längst fällige Rechnungen noch nicht bezahlt worden sind. Diese hat sie aber nie erhalten. Die lagern bei der Post wie im Hochsicherheitstrakt. Niemand kommt an sie heran. Wenn das alles so weitergeht, droht Frau M. die Privatinsolvenz.

☞ Meine Meinung:

Ich kann Frau M. gut verstehen. Seit langer Zeit hatte sie sich auf ihren Urlaub gefreut. Endlich mal ausspannen und Zeit für die eigenen Kinder haben. Aber stattdessen droht ihr bei ihrer Rückkehr die Privatinsolvenz. Das ist wirklich sehr ärgerlich.

Zwei Punkte fallen mir bei näherer Betrachtung sofort auf:

1. **die schlecht abgestimmte Urlaubsplanung in der Nachbarschaft von Frau M.**
2. **Frau M.s leichtfertiger Umgang mit amtlichen Anträgen und sensiblem Datenmaterial**

Zu 1: Ein Urlaub sollte immer rechtzeitig und sorgfältig vorbereitet werden, am besten mindestens ein Jahr im Voraus. In diese Planung sollte das gesamte soziale Umfeld (GsU/siehe Graphik unten) des Reisenden mit einbezogen werden.

NsU/Näheres soziales Umfeld	Ehepartner, Familienangehörige, Blutsverwandtschaft 1. Grades
EsU/Erweitertes soziales Umfeld	Freundeskreis, Verwandtschaft 2. Grades, Arbeitskollegen, Nachbarn
GsU/Gesamtes soziales Umfeld	NsU + EsU (s. o.)

Wäre Frau M. hier vorausschauender vorgegangen, wäre ihr diese unangenehme Situation erspart geblieben.

Zu 2: Amtliche Formulare und Anträge sind keine Einkaufszettel, die man eben mal so nebenbei vor sich hin kritzelt. Der Umgang mit ihnen erfordert ein hohes Maß an Gewissenhaftigkeit und Verantwortungsgefühl. Frau M. war mit ihren Gedanken sicherlich schon halb im Süden, als sie den Lagerauftrag bei der Post ausfüllte. Das kann passieren, aber die Folgen muss sie nun natürlich allein tragen. Die Post handelt in diesem Fall keineswegs unflexibel. Im Gegenteil: Sie drückt sogar ein Auge zu, weil sie Frau M. wegen ihrer falschen Angaben bußgeldmäßig nicht weiter verfolgt. (Allerdings erhöht sich der Rechnungsbetrag von 8,20 Euro auf 20,40.)

Mein Tipp:

Frankreich gehört zu den 17 EU-Staaten, in denen einheitliche europäische Bestimmungen gelten. Die Post ist in diesen Ländern besonders gut vernetzt, und die internationalen Kollegen arbeiten wie Bruder und Schwester zusammen. Frau M. hätte einfach in Brüssel einen europäischen Nachsendeantrag stellen müssen, dann wären ihr sämtliche Mahnbescheide und Rechnungen rechtzeitig an jedem Urlaubstag direkt an die Côte d'Azur vorbeigebracht worden.

Fallbeispiel 8
Keine Post für hilflose Rentnerin

Frau Erna Z. ist 89 Jahre alt und verwitwet. Sie bewohnt eine kleine Zweizimmer-Mietwohnung im dritten Stock eines Mehrfamilienhauses.

Frau Z. hat gerade erst eine schwere Hüftoperation am eigenen Leibe überlebt, und das Treppensteigen fällt ihr daher noch schwer.

Die einzige Abwechslung im Leben bieten ihr die vielen Briefkontakte mit Freunden aus aller Welt. An jedem Morgen quält sie sich deshalb mit ihrer Hüfte all die vielen Stufen hinunter zu ihrem Briefkasten. In letzter Zeit bleibt der jedoch immer häufiger leer. Ein paar Tage später dann quillt er fast über vor Briefen aus verschiedensten Ländern.

Frau Z. hat den Verdacht, dass der Briefträger einfach keine Lust hat, jeden Tag vorbeizukommen, und deshalb die Briefe ansammelt. Erst wenn ein ganzer Batzen zusammengekommen ist, wirft er sie Tage später ein.

Frau Z. ist verärgert. Immer öfter klagt sie: »Mit uns alten Leuten kann man es ja machen.«

☞ Meine Meinung:

Ich kann Frau Z. sehr gut verstehen. Briefe von Freunden und Angehörigen geben dem Leben einen Sinn. Gerade dann, wenn man schon so alt ist und die Hüften nicht mehr so richtig die Treppen rauf und runter wollen. Wenn man dann über längere Zeit (48 Stunden und mehr) kein Lebenszeichen aus dem Ausland erhält, ist die Enttäuschung groß, keine Frage.

Zwei Dinge fallen mir bei näherer Betrachtung auf:

1. **die unterschiedliche Mengenintensität der Briefe und anderer Sendungen**
2. **die Skepsis, die Frau Z. ihrem Postzusteller entgegenbringt**

   * *Grundsätzlich ist zu bemerken, dass die Versorgung der Bevölkerung mit Post-Dienstleistungen in Deutschland gesetzlich geregelt ist.*

Zu 1: Deutschland befindet sich nicht mehr allein auf der Welt. Wir Deutschen leben in einem Verbund von 17 einzelnen europäischen Staaten mit unterschiedlichsten Sitten und Gebräuchen.

Auch die (natürlich einheitlichen) Postbestimmungen werden in den jeweiligen Mitgliedsländern unterschiedlich ausgelegt. Wegen der großen Mittagshitze kommt die Post in Spanien oft erst in den späten Abendstunden. In Finnland wird die gesamte Postzustellung wegen der extrem kurzen Tage im Winter generell auf die Sommermonate verlegt, und der Albaner ist schon froh, wenn er überhaupt mal Post bekommt.

Im Fall von Frau Z. handelt es sich sehr wahrscheinlich um ein gesamteuropäisches Versuchsprojekt, das die Zustellhäufigkeit den durchschnittlichen europäischen Gewohnheiten angleichen soll.

Zu 2: Menschen werden im Alter leider oft misstrauisch. Frau Z. verdächtigt ihren Zusteller, faul zu sein. Dieser Verdacht lässt sich von vornherein von der Hand weisen: Postzusteller legen jährlich bis zu 5000 Kilometer zu Fuß zurück, und das Gesamtgewicht ihrer zuzustellenden Post beträgt täglich über 120 Kilogramm.

Vielleicht wusste der Zusteller einfach von der Gehbehinderung von Frau Z. und wollte ihr durch die Sammelzustellung den täglichen Treppengang ersparen (Fürsorgepflicht).

Mein Tipp:

Liebe Frau Z., versteifen Sie sich nicht zu sehr auf Ihre Post. Wenn man wie gebannt auf etwas wartet, erscheint einem die Wartezeit oft viel länger. Lenken Sie sich lieber ab. Schauen Sie sich ab und zu mal eine lustige Unterhaltungssendung im Fernsehen an, oder legen Sie sich ein Aquarium zu. Schwimmende Fische wirken beruhigend auf das zentrale Nervensystem. Das schont dann auch Ihre Hüften.

Zusteller haben es schwer 1:

Mit dem Rottweiler auf Kollisionskurs

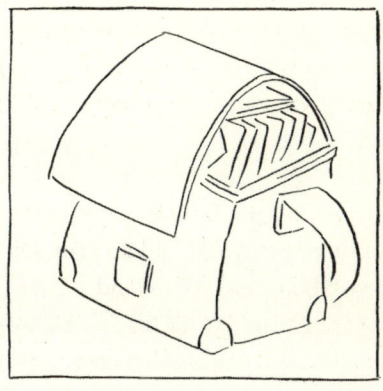

Als ich von meinen Vorgesetzten eines Tages ins kalte Wasser des Zustelldienstes geworfen wurde, war ich schon gut darauf vorbereitet. Sogar schon sehr lange. Ich war schon immer sehr tierlieb. Von klein auf bin ich den Umgang mit Tieren gewohnt und mochte sie alle. Jedenfalls die, die ich kannte. Die aus dem Fernsehen kannte ich ja nur vom Sehen. Und auch nur in Schwarzweiß. Die mochte ich zwar auch, aber nicht auf so eine persönliche Art und Weise, wie ich farbige Tiere aus meiner Umgebung mochte.

Diese Tierliebe lag quasi schon in meiner Wiege. Denn schon mein Vater war ein großer Tierliebhaber gewesen. Als ich so sieben oder acht Jahre alt war, da arbeitete mein Vater von Zeit zu Zeit bei einer großen Straßenbaufirma in Elmshorn. Er war persönlich mit anwesend, als 1964 die B77 zwi-

schen Itzehoe und Rendsburg erbaut wurde. Als Fachbauar-
beiter war er da tätig. Monatelang hat er bei Wind und Wetter
ohne Rücksicht auf Verluste auf seinem schweren Radlader
gesessen und Sand und Kies hin und her geschoben. Von einer Seite auf die andere und von vorne nach hinten und dann
wieder zurück. So lange, bis nichts mehr von den Sandhaufen
übrig und alles glatt gebügelt war. Sehr wichtige Vorarbeiten
waren das damals, die er verrichtet hat. Man kann mit gutem
Gewissen sagen, er hat wirklich einen großen Teil dazu beige-
tragen, dass die B77 eine gute Bundesstraße geworden ist. Das
Ergebnis kann sich auch heute noch sehen lassen. Die B 77
braucht sich hinter keiner anderen Bundesstraße in Schleswig-Holstein zu verstecken.

Bei seinen Erdarbeiten ist er oft fündig geworden. Das
bleibt nicht aus, wenn man mitten in die Natur plötzlich eine
zehn Meter breite und einen Meter tiefe Schneise gräbt. Da
wird natürlich einiges ans Tageslicht befördert, was sonst ein
Leben lang im Dunkeln geblieben wäre. Einmal hatte er z. B.
mit seinem Großbagger eine alte Tonvase ausgegraben. Wahrscheinlich antik, nehme ich an. Überall waren noch lateini-
sche Inschriften eingeritzt, und das ist typisch für die Römerzeit. Also die frühere Römerzeit. Und manchmal brachte er
auch Tiere mit nach Hause, die er versehentlich mit seinem
Radlader angefahren und dabei verletzt hatte. So was kommt
vor im Straßenbau. Wo gehobelt wird, da bleibt oft kein Stein
auf dem anderen. Man darf nicht vergessen, dass sehr viele
Tiere ja unterhalb der Erde leben. Sie leben also mitten unter
uns, aber weil man sie nicht sehen kann, werden sie schnell
von der Menschheit vergessen. Einmal brachte er einen jungen Dachs mit nach Hause. Noch nicht vollständig ausge-
wachsen war der und lebte noch zu Hause bei seinen Eltern.

Dachse sind von Haus aus sehr scheu veranlagt und leben mit ihren Familien meist sehr zurückgezogen in selbstgebauten Höhlen, ungefähr einen halben Meter unter der Erdoberfläche. Und diesen Jungdachs hat mein Vater versehentlich an diesem Morgen aufgegabelt. Der muss ganz allein in seinem Bau gewesen sein, als mein Vater auf ihn stieß.

»Es ging alles ganz schnell, plötzlich stand der Dachs genau vor mir«, erzählte mir mein Vater immer wieder mit seinen traurigen Augen. Er konnte ja nicht bremsen auf die Schnelle, und so früh am Morgen schon gar nicht. Und darum hat er ihn dann mit seiner großen Schaufel voll erwischt. Direkt am hinteren rechten Bein. Ungebremst. Richtig geknirscht hat das und muss unheimlich weh getan haben. Der junge Dachs hat stark geblutet und konnte nicht mehr selbständig weiterlaufen. Er lag hilflos in seinem Kiesbett herum und sah meinen Vater an, wie einen nur angefahrene Dachse angucken können. Mit weit aufgerissenen Augen und schmerzverzerrtem Gesicht. Mein Vater hat ihm dann mit einem alten Lappen das verletzte Bein verbunden, ihn in seine Aktentasche gesteckt und mit hoch in seine Fahrerkabine genommen. Die Arbeit musste ja weitergehen. Auch diese unerschütterliche Arbeitsmoral habe ich von meinem Vater geerbt.

Am nächsten Tag haben wir den Dachs gleich zum Tierarzt gebracht, mein Vater und ich. Und der hat ihn dann weiter ärztlich versorgt. Antibiotika, Streckverband, Schmerzmittel, Röntgen – die ganze Palette. Und schon eine Woche später war der wieder voll auf dem Damm. Hat herumgetobt, Katzen gejagt, Vogelnester ausgenommen, dass es eine Freude war. Mein Vater hat ihn dann nach ein paar Tagen wieder mit zurück zur B77 genommen und dort ausgesetzt. Ganz in der Nähe, wo er ihn auch gefunden hatte. Denn da gehörte er einfach hin. In

189

seine alte Heimat. In seinen Bau. Zu seinen leiblichen Eltern gehörte er, mit denen er den Rest seiner Jugend zusammen verleben sollte. Wenn ich heute mal diesen Abschnitt der B77 langfahre, dann fahre ich immer ganz besonders vorsichtig.

Als ich viele Jahre später Zusteller bei der Post wurde, war mir diese frühe Tiererfahrung natürlich von großem Nutzen. Ich habe seitdem nämlich eigentlich überhaupt keine Angst vor irgendwelchen Tieren. Und als Zusteller sollte man auch lieber keine Angst vor Tieren haben, denn dafür gibt es einfach zu viele davon. Und vor allem im Außendienst sind sie verstärkt anzutreffen. Inzwischen wird nämlich jeder vierte Haushalt in Deutschland von einem Haustier bewohnt. Auf Platz Nummer eins ist natürlich der Hund. Das war schon immer so. Hunde haben hier Tradition. Aber gerade der Hund ist es, vor dem die meisten Postzusteller den größten Respekt haben. Hunde sehen Postzusteller nämlich als Eindringlinge an, also als ihre natürlichen Feinde, und deshalb mögen sie sie nicht und sehen sie viel lieber gehen als kommen. Ganz anders als Katzen. Einer Katze ist der Briefträger relativ egal, Wellensittichen und Goldhamstern auch, und Zierfische schwimmen in ihrem Aquarium sowieso ausschließlich in ihrer eigenen Welt herum.

Eines Morgens im März, ich hatte den größten Teil meiner Zustelltour schon hinter mir, brachte ich wie immer die Post zur Familie Liebermann im Burgunderweg 17a in Itzehoe. Der Burgunderweg liegt direkt mitten in einer Neubausiedlung. Also nicht mehr ganz neu. Die meisten Häuser hatten bestimmt schon sieben oder zwölf Jahre auf dem Buckel. Das ist zwar für ein Haus noch kein Alter, aber nagelneu ist es dann trotzdem nicht mehr.

Die Liebermanns kriegen jeden Tag immer sehr viel Post. Herr Liebermann ist nämlich Diplom-Ingenieur und hat irgendwas mit Radartechnik zu tun. Jedenfalls steht das im Adressfeld: »Herrn Jochen Liebermann, Dipl.-Ing. f. Radartechnik«. Er müsste so um die vierzig Jahre alt gewesen sein damals und seine Frau kaum wesentlich älter. Zusammen mit ihren zwei Kindern bewohnten sie eine mittelgroße Doppelhaushälfte ganz in Weiß. Alles war weiß bei den Liebermanns, das ist mir jeden Tag wieder aufs Neue aufgefallen: das Haus, ihr Golf, der Gartenzaun und natürlich auch der Briefkasten. Der war sogar besonders weiß.

Die andere Doppelhaushälfte, 17 b, war kinderlos geblieben. Hier wohnten lediglich Frau Heuer, ihr verheirateter Mann und deren gemeinsamer Rottweiler Harry. Den hatte ich bis dahin aber noch nie persönlich zu Gesicht gekriegt, weil er immer im Haus eingesperrt war. Wegen seiner Gefährlichkeit. Ich hatte ihn nur ab und zu lauthals bellen gehört, wenn ich morgens die Post in den Briefkasten am Gartentor steckte.

Die Doppelhaushälfte der Heuers war farblich eher ein tiefdunkles sattes Vollbraun. Ursprünglich sollten eigentlich beide Doppelhaushälften mal so braun werden wie die Heuer-Hälfte. Aber ganz plötzlich, ohne äußeren Anlass, gefiel Frau Liebermann in einer fortgeschrittenen Bauphase das Braun doch nicht mehr so richtig. Einfach weil sie es sich auf dem Bauplan doch nicht ganz so braun vorgestellt hatte. Und dann haben die Liebermanns ihre Hälfte einfach nachgeweißt. Seitdem reden die Liebermanns und die Heuers kein einziges Wort mehr miteinander. Wegen unüberbrückbarer Farbvorstellungen. Kein »Guten Morgen« und keine »Gute Nacht« wird sich gegenseitig mehr gewünscht. Kein gemeinsames Grillen oder Silvester Feiern. Nichts. Sendepause im Doppelhaus. Und jede Hälfte ist fest davon überzeugt, dass sie im Recht und die bessere Doppelhaushälfte ist.

An diesem Morgen hatte ich wieder mal einen ganzen Stapel Geschäftsbriefe für Herrn Liebermann dabei. Ein gutes Dutzend müssen es wohl gewesen sein. Auf alle Fälle über zehn, da bin ich mir auch heute noch sicher. Ich öffnete die Gartenpforte, ging auf das Haus zu, klappte den Deckel vom Briefkasten hoch, wie ich es immer mache, und wollte gerade noch einmal alle Adressfelder überfliegen. Das mache ich nämlich immer so. Sicherheitshalber. Um zu sehen, ob sich auch wirklich kein falscher Brief versehentlich dazwischengelegt hat. Ich war gerade mittendrin und voll konzentriert, da wurde ich plötzlich abgelenkt. Harry, der Rottweiler von gegenüber, stand vor mir und starrte mich an. Nur ungefähr anderthalb Meter von mir entfernt, Luftlinie, stand er in voller Lebensgröße auf der anderen Seite des flachen Lattenzauns. Also auf der braun gestrichenen Seite. Wie gesagt kannte ich Harry bis dahin ausschließlich vom Hörensagen, und das hatte mir auch vollkommen genügt. Manche Hunde will man gar nicht näher kennenlernen. Auch als tierlieber Zusteller nicht. Natürlich wusste ich auch damals schon, wie so ein reinrassiger Rottweiler auszusehen hatte. Als Kind hatte ich ja, wie alle Kinder auf der Welt, Panini-Tierbilder gesammelt. So bunte, farbige Sammeltierbilder waren das, zum Einkleben ins Tierbilder-Sammelalbum. Und da waren ab und zu Rottweiler dazwischen. Außerdem kannte ich Rottweiler aus dem Lokalteil im Itzehoer Tageblatt. Wenn wieder mal einer auf dem Spielplatz die Kontrolle über sich verloren hatte. Und drittens hatten die Heuers an der Gartenpforte ein eingeschweißtes Foto von ihrem Liebling aufgehängt. »Harry« stand da in fetten, schwarzen Großbuchstaben. Und darunter, noch etwas größer und etwas fetter: »Hier wache ich.« So konnte sich jeder vorüberziehende Passant sofort ein Bild machen, was im schlimmsten Fall auf ihn zukommen könnte und dass es nicht ganz ohne Risiko bleibt, wenn man sich der braunen Haushälfte nähert.

Aber nun stand Harry tatsächlich leibhaftig vor mir. Ein ausgewachsener Rottweiler mitten auf freier Wildbahn. Viel größer als früher auf den Sammelbildern.

Und irgendwie auch viel lebendiger. Obwohl er sich fast nicht vom Fleck rührte. Überhaupt nicht, sondern nur jede meiner Bewegungen mit seinen dunklen Augen verfolgte wie ein angeschossener Luchs. Trotzdem kam er mir doch sehr lebendig vor. Innerlich lebendig. Wie ein Vulkan, kurz bevor er ausbricht und ihm die Galle überläuft.

Wie gesagt habe ich eigentlich keine direkte Angst vor Hunden. Selbst mit schwierigen Problemhunden war ich bis dahin immer sehr gut ausgekommen. Mit Boxern und Terriern war ich sogar fast befreundet. Ich war nämlich immer der Meinung, dass man sich gegenseitig tolerieren muss im Leben. Besonders Mensch und Tier. Alle sind gleichberechtigt. Deshalb soll man sich als Mensch auch nie über Haustiere stellen und auf sie herabblicken, nur weil sie nicht lesen und schreiben können.

So habe ich es immer gehalten mit den Hunden und anderen Raubtieren. Und falls es doch mal schieflaufen sollte, hatte ich ja auch immer noch ein paar Hundetrockenkekse in der Hosentasche, die ich dann nach Lust und Laune verteilen konnte. Die hatten mir so oft geholfen in meinem Leben. Die müssten mir eigentlich auch bei diesem Harry weiterhelfen, dachte ich im ersten Moment so bei mir.

Aber Harry war nur schwer einzuschätzen an diesem Morgen. Weil er nur so vor sich hin stierte und sich überhaupt nicht bewegte. Vielleicht hatte er gerade gegessen und überhaupt keinen Appetit. Vielleicht war er ja auch einfach nur an meiner Arbeit interessiert. Das wäre für mich völlig okay gewesen zu dem Zeitpunkt. Das war ich ja gewohnt. Bei der Post gibt es immer viele Mitarbeiter, die ihren Kollegen bei der Arbeit über die Schulter gucken. »Learning bei looking« heißt der neue Fachausdruck dafür bei uns. Aber vielleicht sah mich Harry auch als seinen persönlichen Feind an. Oder als potentieller Einbrecher, der seinen Herrchen womöglich am Ende noch ans Leben wollte, wenn man ihn nicht vorher rechtzeitig zerfleischte. Das wäre dann nicht ganz so gut für mich. In dem Fall könnte es Ärger geben. Richtigen Ärger. Ich hielt mich zwar auf dem Nachbargrundstück auf, und da war er ja nicht zuständig, aber das hatte er in der Aufregung vielleicht einfach übersehen. Hunde können ja erfahrungsgemäß sehr gut hören, aber dafür leider nur schlecht gucken.

Ganz in meine Gedanken über die bestmögliche Taktik versunken, schob ich den Stapel Briefe in den Briefkasten. »Plopp« machte es. Nicht mal besonders laut. Nur so laut, wie es eben klingt, wenn sich zwölf Briefe gleichzeitig in einen leeren Briefkasten fallen lassen. Einfach ein gedämpftes »Plopp«. Ein durchschnittlicher Mitbürger hätte so was vollkommen überhört. Aber Harry nicht. Seine Ohren stellten sich vor mir auf, und er begann sofort zu knurren. Dabei blickte er mich die ganze Zeit feindselig an und fletschte dazu die Zähne. Kräftig sahen sie aus, seine Zähne.

Jetzt war mir klar: Harry hielt mich für seinen Feind. Da konnte inzwischen kein vernünftiger Zweifel mehr erhaben sein. Er mochte mich nicht, und er war auch nicht an meiner Arbeit interessiert. Darüber hatte ich jetzt wenigstens Klarheit. Immerhin. Innere Klarheit ist oft schon die halbe Miete.

Wenn Licht in eine undurchsichtige Situation kommt, ist man immer schon ein ganzes Stück weiter als vorher. Das Grübeln hört auf, und man kann endlich handeln. Vielleicht sollte ich es doch einfach mal mit einem Hundekuchen versuchen. Hundekuchen wirkt nämlich deeskalierend auf gestresste Hunde. Solange sie darauf herumkauen, können sie nicht zubeißen. Das ist ein altes Naturgesetz. Ich griff kurz entschlossen in meine rechte Hosentasche, wo ich die Hundekuchen jeden Morgen reinstecke, zog dann aber sofort wieder zurück. Harry mochte das nämlich nicht. Er knurrte schon wieder, zeigte seine braunen Zähne, bellte in meine Richtung, alles wie gehabt. Er mochte es anscheinend überhaupt nicht, wenn ich mich bewegte. Weder vor noch zurück, weder Arme noch Beine, nichts durfte ich bewegen, nicht mal den Kopf durfte ich drehen oder mit den Schuhen wippen. Gar nichts sollte sich bewegen bei mir.

Wenn man sich einen Hund erst mal zum persönlichen Feind gemacht hat, dann bestimmt der nämlich die Spielregeln. Er mischt die Karten und verteilt sie. Er bestimmt, welches Lied zusammen gesungen wird und wann das Spiel zu Ende ist. Da ist nichts mit neunzig Minuten. Ich hatte überhaupt keinen Einfluss auf das Spielgeschehen. Und ich hatte einfach keine Ahnung, wie ich Harry umstimmen konnte. Wie hätte ich ihm klarmachen können, dass ich gar nicht sein Feind war? Dass ich Tiere hoch schätze und jede Form von Gewalt gegen sie innerlich verabscheue. Das hätte er einfach nicht begriffen. So schlau war er nun auch wieder nicht. Über einen gewissen Horizont ging sein Verstand einfach nicht hinaus. Und dazu kommt: Wenn sich ein Kampfhund erst einmal in so eine fixe Idee verbissen hat, dann lässt er sich nur schwer davon abbringen.

Irgendwo in der Nähe schlug eine Autotür zu. Harry drehte sofort den Kopf, ging zwei, drei Schritte dem Geräusch nach und spitzte wieder die Ohren in die Höhe. Als es dann aber still blieb, kehrte er sofort wieder an seinen Stammplatz zurück.

Einfach mal mit ihm sprechen, dachte ich mir. Vielleicht hilft das ja. Ich hatte nämlich mal in einer Beilage im Itzehoer Tageblatt gelesen, dass es beruhigend auf Tiere wirkt, wenn man sich mit ihnen unterhält. Ein Hundepsychologe hatte das rausgefunden und sein Wissen an die Zeitung geschickt. Dabei ist das Thema vollkommen egal, über was Sie mit dem Hund reden. Hunde verstehen ja sowieso keine einzige Silbe. Inhalte interessieren sie auch nicht. Der Ton macht die Musik. Also einfach drauflosplappern. Irgendeine belanglose Konversation starten wie sonst auch im Alltag. Übers Wetter oder den letzten »Tatort«. Irgendwas, was Ihnen gar nicht mal so sehr auf der Seele brennen muss, Hauptsache, es hält den Hund in Schach.

»Bist ja ein guter Hund, Harry«, fing ich mit meiner tiefsten, bassigsten Stimme an zu sprechen. Tief sollte man nämlich auf alle Fälle sprechen mit Hunden. Tief und gut verständlich. Tiefe Töne wirken sich bei Mensch und Tier beruhigend auf das zentrale Nervensystem aus.

»Bist ja ein guter Harry.« Keine Reaktion. Ich versuchte es noch etwas tiefer.

»Ich bring ja nur die Post vorbei … ich gehe auch gleich wieder.«

»Ggggrrrrrr«, das waren die einzigen Worte, die Harry dazu einfielen. Aber so schnell wollte ich die Flinte nicht wegwerfen und verstellte noch einmal meine Stimme: »Ich bring nur die Post. Ich habe mit den Liebermanns gar nichts weiter zu tun.« Den Namen Liebermann mochte er nicht. Das merkte ich sofort. Bei dem Namen pflügte er nämlich gleich zweimal kräftig mit seinen Hinterläufen durch das Blumenbeet, und eine paar frische Primeln flogen im hohen Bogen durch den Vorgarten.

»Ruhig … ganz ruhig …« Ich sprach die Worte jetzt sehr bewusst langsam und gedehnt aus. Nur nichts mehr falsch machen. Bloß nicht noch einmal so ein unüberlegtes Wort. Bloß kein weiteres Öl auf die Windmühlen gießen. Vorsichtig tastend, bewegte ich mich rückwärts auf die Garage zu. Schritt für Schritt. Jetzt bloß nicht stolpern. Aus den Augenwinkeln hatte ich schon vorher gesehen, dass das Garagentor bis oben zum Anschlag hin offen stand. Das war mein Ziel. Da musste ich rein. Vier bis fünf Meter waren es nur noch bis dahin. Vier bis fünf Meter sind im täglichen Leben nicht besonders viel, wenn man gut zu Fuß ist. Auf Wanderungen mit dem Männergesangverein der Post haben wir im Harz Tagesausflüge bis zu zwanzig Kilometer täglich unternommen. Das ist das Viertausendfache! Ohne eine einzige Pause. Überhaupt kein Problem. Aber vier bis fünf Meter können sehr lang werden, wenn man auf fremdem Gelände einen misstrauischen Kampfhund im Nacken sitzen hat. Ich guckte mich noch einmal zum Garagentor um. Jetzt waren es sogar nur noch drei Meter. Ich würde einfach schnell hineinspringen in die Garage und das Tor hinter mir dicht machen. Das müsste eigentlich klappen. Aber auch nur, wenn ich wirklich schnell war. Eile war oberstes Gebot. Nicht auf der Flucht plötzlich das Trödeln anfangen.

Garagentore sind ja in den meisten Fällen Klapptore. Und wahrscheinlich war dies auch so ein Klapptor, was von innen unter die Decke gerollt wird. Der Nachteil bei Klapptoren: Man kann sie nur sehr schwer auf einen Schlag schließen. Aber probieren musste ich es auf alle Fälle.

»Ruhig, ganz ruhig ...« Nur noch zwei Meter. Wieder knurrte Harry und fletschte die Zähne. Oberhalb seiner gelben Zahnwurzelhälse kam sein rosarotes Zahnfleisch zum Vorschein. Jetzt schien er irgendwie bemerkt zu haben, dass sich im Laufe unserer Begegnung irgendetwas verändert hatte. Irgendetwas kam ihm anders vor, das spürte ich. Und er spürte es auch, denn er hatte plötzlich so ein Grübeln in seinem Gesichtsausdruck, wie ich es noch nie bei ihm gesehen hatte. Er dachte nach, kein Zweifel. Er wusste genau, dass was nicht mehr so war wie vorher. Aber dass es der Abstand zwischen uns beiden war, der mit jedem laufenden Meter der Entfernung größer wurde, darauf kam er natürlich nicht. Dafür waren seine Hundeaugen einfach zu schlecht.. »Ruhig ... ganz ruhig.«

Ein Bein von mir stand jetzt schon tief in der Garage. Meine Vermutung stimmte: Es war tatsächlich so ein Klapptor, das man hoch- und runterziehen konnte.

Ganz vorsichtig hob ich den rechten Arm in die Höhe und umfasste die Schlaufe, mit der ich das Tor nach unten ziehen wollte. Harry wurde unruhig. Er richtete sich auf. Zuerst nur die Ohren, später dann den gesamten Oberkörper. Er knurrte, fletschte noch einmal kräftig die Zähne und schien zum Sprung bereit. »Ruhig, ganz ruhig ...«, sagte ich ein letztes Mal, und schon zog ich mit aller Kraft an der Schlaufe.

Das Tor schoss mit einem Schwung nach unten. Harry sprang auf. Mit einem kräftigen Satz hatte er den flachen Zaun übersprungen und war im selben Moment auch schon am Garagentor. Peng, machte das. Mit einem lauten Krachen war das Tor in sein Schloss zurückgefallen. Schlagartig wurde es dunkel in der Garage. Gerettet! Ich holte tief Luft und atmete aus. Zum ersten Mal in den letzten fünfzehn Minuten. Von drinnen konnte ich noch hören, wie Harry mit seinen kräftigen Vorderbeinen laut bellend am Blechtor kratzte. Aber das störte mich nicht mehr. Und ihm half es nichts mehr. Da hätte er früher aufstehen müssen. Wut und Enttäuschung lagen in seiner Stimme. So hatte er sich das Ende unserer Begegnung bestimmt nicht vorgestellt. Aber nun konnte er mir Gott sei Dank nichts mehr anhaben. Jetzt stand ich auf der Gewinnerstraße. Ich war in Sicherheit.

Postlexikon
Q bis Z

Q

Qualifizierung

Prinzipiell eine gute Sache. Aber Vorsicht: Alles in Maßen!
Durch allzu häufige Fort- und Weiterbildungsmaßnahmen
kann es schnell zu einer Überqualifizierung kommen. Sind
Postmitarbeiter erst einmal überqualifiziert, stecken sie ihre
Nase überall rein, wissen alles besser und entwickeln sich so
schnell zu einer Plage für weniger informierte Mitarbeiter und
Kunden. Am Ende bleibt der Post nichts anderes übrig, als sich
von ihnen zu trennen und bei der Agentur für Arbeit nach
Quereinsteigern zu suchen.

R

Robinson Crusoe

Schiffbrüchiger aus dem 17. Jahrhundert. Er verbrachte mehr als die Hälfte seines Lebens allein, ohne Strom, fließend Wasser und regelmäßige Postzustellung in separater Insellage. Sein Leben war einsam und beschwerlich. Seit dieser Zeit hat sich die Lage für Inselbewohner deutlich verbessert. Heute besucht der Zusteller täglich Inseln wie Rügen oder Fehmarn. Es gibt dort ausreichend Trinkwasser, Vollpension und jede Menge elektrisches Licht.

Rohrpost

Zustellsystem, bei dem Schriftstücke in Dosen abgepackt und durch ein weitverzweigtes Rohrsystem geschossen werden. Das Verfahren ist leider sehr störungsanfällig, da es immer wieder zu Verstopfungen in der Anlage kommt, die nur mit stark ätzenden Mitteln (Rohrfrei) behoben werden können.

Rollstempel

Auch »Seniorenstempel« genannt: Stempel, der im Gegensatz zum Hammerstempel ohne großen Kraftaufwand einfach über das Frankierfeld gerollt wird. Dies schont Gelenke und verhindert Krämpfe im Handbereich. Gerade ältere Mitarbeiter, die unter Arthritis leiden, greifen immer häufiger zum sanften Rollstempel.

S

Schalter
Arbeitsplatz für Postmitarbeiter. Früher waren Postschalter in
der Regel verglast, um feindliche Kunden abzuwehren. Heute
geht man immer mehr zum offenen Schaltersystem über, bei
dem sich Schalterkraft und Postkunde in einem Raum frei begegnen, dieselbe Luft atmen und manchmal auch dieselbe
Sprache sprechen.

Sendungsverfolgung
Verspätete oder vermisste Briefsendungen kann die Post bei
einem bewilligten Sendungsverfolgungsantrag so lange verfolgen, bis die Sendung wieder aufgetaucht ist. Bleibt sie dennoch verschollen, wird die Sendungsverfolgung eingestellt.

Spätleerung
Briefkastenleerung zu später Stunde. Bei der Spätleerung in
bewohnten Gebieten ist darauf zu achten, dass die Nacht-
lärmbestimmungen eingehalten werden. Zwischen 24 Uhr
und fünf Uhr morgens dürfen deshalb keine Kästen geleert
werden. Mitarbeiter, die verspätet eintreffen, müssen dann bis
zum Morgengrauen vor ihrem Briefkasten ausharren.

Standardbriefe
Typische Durchschnittsbriefe mit belanglosem Inhalt, die
nicht weiter ins Gewicht fallen.

Stille Post
Lustiges Kinderspiel. Dabei wird ein Begriff im Flüsterton so
lange von Ohr zu Ohr weitergereicht, bis am Ende ein völlig

anderes Wort herauskommt. Experten der Post haben auf zahlreichen Kindergeburtstagen sämtliche Übermittlungs-fehler genau analysiert und daraus ihre Schlüsse gezogen. Auf diese Weise konnte das heutige Kommunikationssystem der Post entscheidend verbessert werden.

T

Taube

Brieftauben waren die Vorläufer der heutigen Luftfrachtpost. Sie konnten auf ihren Inlandsflügen allerdings immer nur we-nige Leichtbriefe in ihrem Schnabel transportieren. Anfang des neunzehnten Jahrhunderts wurden sie ausrangiert und durch moderne Verkehrsflugzeuge ersetzt.

Telegramm

Veraltete Form der schnellen Nachrichtenübermittlung. Heute kennt man Telegramme genau wie Telefonzellen, Schwarzweißfernseher und Schreibmaschinen nur noch aus alten Filmen (Sissi, Rauchende Colts). Der Inhalt von Tele-grammen war meist dringlich und wurde in kurzen Sätzen formuliert, um Morsezeit und Kostenexplosion zu begrenzen. (Beispiele: »Vater ins Krankenhaus gekommen. Melde mich, wenn tot.« Oder: »Brauche Geld. Schick mir was!« Heute teilt man dringliche Angelegenheiten per E-Mail mit oder bucht einen Linienflug.

U

Unzustellbar

Postsendungen, die ihr Ziel nie erreichen. In allen Fällen sind die Zielpersonen selbst dafür verantwortlich. Hinweis: Vor uns braucht sich niemand zu verstecken!

V

Verpackung

Vorübergehender Schutz versendeter Artikel für den Zeitraum des Transports. Verpackungen können aus verschiedensten Materialien bestehen, die allesamt als »Verpackungsmaterial« bezeichnet werden. Geeignet sind Papier und Pappe, aber auch Kunststoffe, Leichtbleche und hartgefaserte Rohstoffmaterialien werden bei Postkunden immer beliebter.

W

Wertpaket

Paket, in dem sich Materialien befinden, die nachweislich einen gewissen Wert ausmachen und den Transportweg mit all seinen Beschwerlichkeiten und unerwarteten Hindernissen lohnen. Da man diesen von außen oft nicht erkennen kann, spricht man auch von den »inneren Werten« einer Paketsendung.

X

XL

Von der Post nur zu Werbezwecken angebotene Paketset-größe. Wer solche riesigen Kartons verschickt, macht sich bei Schalterbeamten wie Zustellern gleichermaßen unbeliebt. Mit der Einführung dieser überdimensionierten Paketfaltbogen schoss der Krankenstand bei Post und DHL blitzartig in die Höhe. Daher hat sich das Unternehmen schon zum 1. Juli 2006 dazu entschlossen, den Artikel aus dem Warenkatalog zu streichen. Wie sich bald herausstellte, konnten durch die dadurch nötig gewordenen Teillieferungen sogar die Gewinne entscheidend maximiert werden.

Y

Kein Eintrag

Z

Zeitumstellung

Im Frühling wird die Uhr auf einen Schlag um eine Stunde vorgedreht. Vielen Postmitarbeitern macht dieser abrupte Zeitsprung zu schaffen. Ihnen fehlt eine Stunde erholsamer Schlaf, sie wachen wie gerädert auf und sind im Dienst wochenlang nicht zu gebrauchen. Deshalb wurde bei der Post nun der Umstellungsmodus verändert. »Sanfte Umstellung« heißt das schonende, ganzheitliche Modell. Die Postmitarbeiter beginnen schon sechzig Tage vor dem offiziellen Termin, ihre Uhr jeden Tag um genau eine Minute vorzudrehen. Auf die Art sind sie pünktlich zum Sommerzeitbeginn auf dem neuesten Stand, ausgeschlafen, voller Tatendrang und ohne Jetlag.

Zumwinkel, Klaus

Von 1995 bis 2008 Chef der Deutschen Post AG. In dieser Zeit war er stets bemüht, die an ihn gestellten Aufgaben zu erfüllen. Gegen sein persönliches Verhalten war im Wesentlichen nichts einzuwenden. Am frühen Morgen des 14. Februar (Valentinstag) bekam Herr Zumwinkel überraschenden Besuch von guten Freunden, die ihn zu einer spontanen Spritztour überredeten. Diese Spritztour muss ihm so gut gefallen haben, dass er bis heute nicht wieder zum Dienst erschienen ist.

Zusteller

Sammelbegriff für alle Briefträger und Paketboten. Die deutsche Post beschäftigt 80 000 Zusteller, die in 54 200 einzelnen Zustellbezirken u. a. 71 Millionen Briefe in 43 Millionen Haushalte verteilen. Wenn nur ein einziger Zusteller erkrankt das Bett hüten muss, stimmen diese Zahlen nicht mehr und das gesamte System bricht zusammen.

Zwangsarbeit

Bei der Deutschen Post AG nicht notwendige Beschäftigungsform. Wer hier arbeitet, tut dies in der Regel aus freien Stücken, nach bestem Wissen und Gewissen und allen Regeln der Kunst.

Empfänger –
die passiven Kunden 2:

Wenn Sie »Peckchzcekowskyi« heißen

Für unsere Vorfahren können wir alle ja nichts, wir haben uns den Nachnamen ja schließlich nicht selbst ausgedacht. Den haben wir einfach nur so mitbekommen. Von Geburt an. So richtig dran drehen kann man da erst wieder, wenn man heiratet. Egal, ob Mann und Frau oder ob Männer oder Frauen unter sich heiraten, eine zünftige Hochzeitsfeier ist immer eine gute Gelegenheit seinen alten Namen abzustoßen. Viele wollen das aber auch gar nicht mehr heutzutage. Die wollen lieber mit ihrem eigenen Namen durch Dick und Dünn gehen, bis sie alt und grau geworden sind. Oder sie suchen den Kompromiss. In den neunziger Jahren ging der Trend z. B. zum Doppelnamen über. Das kam durch die Gleichberechtigung von Mann und Frau, die sich schon in den späten achtziger Jahren angebahnt hatte. Plötzlich machten immer mehr

Frauen den Führerschein, gingen am Sonnabendnachmittag zum Fußball, und führten, genau wie ihre kriminellen männlichen Kollegen, brutale Raubüberfälle mit Waffengewalt durch. Und bei all diesen Tätigkeiten wollten die Frauen nicht länger auf ihren eigenen Namen verzichten. So wurde der berühmte Doppelname mit Bindestrich geboren. Im Doppelnamen wächst zusammen, was zusammengehört. Allerdings wurden viele Namen durch so eine Doppelhochzeit auch unaussprechlich lang. Ich persönlich habe immer sehr viel Zeit gebraucht, bis mir so ein Doppelname flüssig über die Lippen gekommen ist. Das war nicht immer leicht. Aber noch schwieriger wurde es, wenn ein Name zwar keinen Bindestrich hatte, aber ansonsten eher ungewöhnlich oder kompliziert war.

Schwierige Namen brauchen einfach längere Zeit, bis sie fehlerfrei vom Briefumschlag abgelesen werden können. Am schwierigsten wird es, wenn ein Einschreiben zugestellt werden muss. Bei einem Einschreiben genügt es nämlich nicht mehr, den richtigen Brief in den richtigen Kasten zu werfen und dann so schnell wie möglich wieder zu verschwinden. Hier muss ein direkter persönlicher Kontakt aufgebaut werden. Der Empfänger muss als Empfänger identifiziert und dann mit vollem Familiennamen angesprochen werden. Sonst könnte ja jeder kommen, sich als Empfänger ausgeben und wichtige Einschreibebriefe einkassieren.

»Ich habe ein Einschreiben für Sie. Sind Sie Herr Peckschekowskieh?«, würde der Zusteller also zum Beispiel als Erstes an der Tür fragen, und wenn's gut läuft, antwortet der Empfänger einfach mit »ja«. In dem Fall bekommt er den Brief in die Hand gedrückt, er unterschreibt auf dem elektronischen Gerät, und alle sind zufrieden.

Aber das ist leider nur sehr selten der Fall. So glatt läuft es fast nie. Meistens hat der Zusteller den Namen nämlich doch nicht so ganz richtig ausgesprochen. Vielleicht hat er irgendein C oder SCZ verschluckt, falsch betont oder in der Aufregung völlig vergessen, und sofort wird er vom vermeintlichen Empfänger korrigiert. Der weiß es natürlich besser. Wenn es einer weiß, dann er, denn der hat sich im Laufe seines Lebens an seinen extremen Namen gewöhnt. Also wiederholt der dann mit leicht beleidigtem Unterton seinen Namen noch einmal. Ganz langsam, mit allen Apostrophen und Xen und Ypsilons, die der Name hergibt. Ich hab in meinem langen Zustellerleben die Erfahrung gemacht, dass sich viele Menschen persönlich angegriffen fühlen, wenn man ihren Namen falsch ausspricht. Das gilt für Vor- und für Zunamen. Bei Vornamen ist es sogar noch etwas schlimmer, weil der Vorname ja auch immer als Erstes genannt wird und daher der Person am nächsten steht. Aber auch ein verstolperter Nachname kann manche Menschen provozieren. Dabei ist das ja keine Absicht. Wir Postbediensteten lernen ja gern dazu und tun, was wir können.

Immer und immer wieder muss der Zusteller den Namen dann wiederholen, aber bei jedem Mal gibt es wieder was auszusetzen. Bei mir hat es einmal eine volle halbe Stunde gedauert, bis mir der Name Ytszciwskiy fehlerfrei über die Lippen kam. Herr Ytszciwskiy wohnte im vierten Stock eines Mehrfamilien-Mietshauses. Es war noch sehr früh am Morgen, und er stand im Bademantel vor mir, als er die Tür öffnete. Irgendwie hatte ich an diesem Morgen Schwierigkeiten mit dem zc in der Mitte seines Namens. Ich habe es ihm wohl irgendwie zu weich ausgesprochen, so wie ich es in der Grundschule gelernt hatte. »Summ, summ, summ, Bienchen summ herum …« Immer wieder ließ er es mich wiederholen, sprach mir langsam vor, aber es half alles nichts, das S wurde einfach nicht richtig hart. Hausbewohner, die zufällig die Treppe rauf- und runterkamen, sahen, was los war, machten halt und wollten mir bei der richtigen Betonung behilflich sein. Bald hatte sich eine mittelgroße Kleingruppe von sechs Anwohnern um uns herum versammelt, die alle durcheinanderredeten, die Lippen spitzten und laut vor sich hin zischten, bis sich Herr Ytszciwskiy am Ende selbst nicht mehr ganz so sicher war, wie er denn nun eigentlich hieß. Schließlich einigten wir uns auf einen Kompromiss, mit dem alle Mietparteien gut leben konnten.

In diesem Fall war die Geschichte noch mal gut ausgegangen, Herr Ytszciwskiy hat seinen Brief bekommen. Aber ich kenne genügend Fälle, wo ein Einschreibebrief wegen Unaussprechlichkeit für unzustellbar erklärt werden musste.

Kundenbeschwerden

Was Sie selbst dagegen tun können

Fallbeispiel 9
Post ruiniert Jungunternehmer!

Herr Josef Ullmann (32) ist Graphiker und hat sich vor drei Jahren in der Werbebranche selbständig gemacht. Unter Fachleuten genießt er einen sehr guten Ruf, und sein Geschäft expandiert zunehmend. Im letzten Jahr konnte er sogar drei zusätzliche Arbeitskräfte einstellen.

Den größten Teil der Kommunikation mit Kunden und Geschäftspartnern erledigt er übers Internet. Es gibt aber auch reichlich Material, das ausschließlich auf dem Postwege erledigt werden kann. Fast immer verwendet Herr Ullmann für seine Zwecke den Maxibrief der deutschen Post (Gew.: bis 1000 g, zul. Höhe: 50 mm, Breite: 70–250 mm,

Länge: 100–353 mm). Mehrmals in der Woche besucht er die Postfiliale am Ort.

Obwohl das Aufgeben dieser Sendungen in der Regel einwandfrei klappt, bereitet ihm eine Postmitarbeiterin jedoch immer wieder Schwierigkeiten. Bei der Prüfung der korrekten Briefmaße steckt sie die Maxibriefe von Herrn Ullmann so ungeschickt und verkantet in den gelben Kontrollschlitz, dass diese nicht hindurchpassen. Dafür berechnet sie dann prompt den höheren Tarif von 3,90 Euro für Päckchen (ohne Nachweis). Das Ganze ist sehr unerfreulich, zumal die Briefe bei all ihren männlichen Kollegen glatt durchgehen.

Die Bitte von Herrn Ullmann, vielleicht einmal selbst den Brief durch den Schlitz führen zu dürfen, wurde ihm abgeschlagen, weil er dazu nicht befugt sei. Stattdessen berechnet sie einfach weiter die überhöhten Gebühren.

Herr Ullmann ist sehr verärgert darüber und möchte das Kapitel Post für sich am liebsten vollständig schließen.

☞ Meine Meinung:

Zunächst einmal, Glückwunsch, Herr U., dass bei Ihnen alles so gut läuft. Ein junges Unternehmen zu gründen ist schließlich kein Pappenstiel, und dass es floriert, keine Selbstverständlichkeit. Beides erfordert viel harte Arbeit, Energie und Glück! Außerdem muss man gut rechnen können.

Wenn einem dieser wohlverdiente Gewinn dann durch überhöhte Portogebühren wieder aus der Tasche gezogen werden soll, ist das natürlich unschön.

Zwei Dinge springen mir bei diesem Fall sofort ins Auge.

1. die innovative Branche, in der Herr Ullmann tätig ist
2. die unterschiedliche Bewertung der Briefformate durch Postmitarbeiter

Zu 1: Herr Ullmann ist in der Werbebranche tätig. Das heißt, hier ist Ideen- und Erfindungsreichtum gefragt. Ständig ist er mit den modernsten Schöpfungen der Neuzeit konfrontiert, was Waren und Sprache angeht. In so einer Branche übersieht man schnell einmal, dass auch Altbewährtes seine Berechtigung hat. Auch die Post hat sich ja zu einem hochmodernen Dienstleistungskonzern entwickelt. Gleichzeitig hat bei der Deutschen Post aber auch die Tradition immer ihren festen Platz gegen zerstörerische Kräfte wie Internet und englische Fachbegriffe behauptet. Alt überlieferte Werte stehen hochmodernen Machenschaften gleichberechtigt Auge in Auge gegenüber. Zu den traditionellen Serviceangeboten gehört auch das angesprochene »Kontrollschlitzverfahren«.

Zu 2: Das Kontrollschlitzverfahren wurde bereits in den 70er Jahren entwickelt und ermöglicht auf einfachem Wege eine Umfangsbewertung des aufzugebenden Versendungsartikels. Die gelb eingefärbte Plastikschablone stellt aber lediglich ein Hilfsmittel für den Postbediensteten dar. Sie soll ihm bei der richtigen Einschätzung der Briefausmaße helfen und wertvolle Zusatzinformationen liefern. Mehr aber auch nicht. Entscheidend ist und bleibt das Bauchgefühl der jeweiligen Schalterkraft. Die sollte stets letzte Instanz sein.

Oft bewerten weibliche Bedienstete postalische Vorgänge anders als ihre männlichen Kollegen. Das ist vollkommen in Ordnung und spricht lediglich für die individuelle und vielseitige Ausrichtung des Postpersonals. Niemand wird bei uns über einen Kamm geschert.

Fallbeispiel 10
Postmitarbeiter beleidigt Hartz-IV-Empfänger

Herr Olaf H. (54) aus Bredenbostel ist arbeitslos. Häufig sucht er die Postfiliale in seinem Ort auf, um zahlreiche Bewerbungsschreiben zu versenden. Dabei beklagt er sich immer öfter über die zunehmend unfreundliche Bedienung speziell eines Postmitarbeiters.

Gelangweilt und griesgrämig sitzt dieser nach Angaben des sozial schwachen Postkunden während der Abfertigung hinter seinem Schalter herum. Weder begrüßt er Herrn H., noch sieht er während des Bedienungsvorgangs zu ihm auf. Zudem scheint er etwas schwerhörig zu sein. Erst nach mehrmaligem, lautem Wiederholen des Anliegens nimmt er selbiges widerwillig zur Kenntnis. Er sei sogar auch schon einmal ausfallend geworden. Wörtlich soll er zu Herrn H. gesagt haben: »Sprechen Sie gefälligst deutlich, sonst kriegen Sie hier nichts mehr!«

Herr K. ist über die schlechte Behandlung sehr verärgert. Er sagt, wenn er in seinen Bewerbungsgesprächen so einen

Ton anschlagen würde, könnte er gleich zu Hause bleiben. Anscheinend, so der Erwerbslose, halten sich einige Postmitarbeiter auch heute noch für unkündbar.

☞ Meine Meinung:

Ich kann Herrn H. gut verstehen. Er hat es wirklich nicht leicht. Die ganze Woche über schreibt er sich an seinen Bewerbungen die Finger wund, und dann wird er auch noch schlecht behandelt. Das ist wirklich sehr ärgerlich. Keine Frage.

Zwei Punkte fallen mir in diesem Fall besonders auf:

1. **die Einschätzung des Herrn H. hinsichtlich der Kündigungsmöglichkeiten bei Postmitarbeitern**
2. **die gestörte Kommunikation zwischen der Schalterkraft und Herrn H.**

Zu 1: Einige Postmitarbeiter halten sich bis heute nicht nur für unkündbar, sie sind es tatsächlich. 1998 wurde die Deutsche Bundespost in eine Aktiengesellschaft umgewandelt. Damit verloren verbeamtete Postangestellte jedoch nicht ihren Status. Sie bleiben Beamte auf Lebenszeit im Dienste des Bundes und damit unkündbar. Nur bei nachgewiesenen schweren Dienstvergehen kann der Beamtenstatus entzogen werden, etwa bei Postraub oder vorsätzlicher Tötung im Dienst. Solche Vergehen würden zu einem Vertrauensverlust dem Dienstherrn gegenüber führen.

Mehrmalige Unfreundlichkeit und Unbeherrschtheit gefährden den Beamtenstatus jedoch nicht.

Zu 2: Ganz offensichtlich ist die Kommunikation zwischen dem Postdienstleister und Herrn H. gestört. Herr H. unterstellt dem Mitarbeiter Schwerhörigkeit. Zu Unrecht!

Postmitarbeiter müssen sich zu Beginn ihrer Dienstzeit einem eingehenden medizinischen Eignungstest unterziehen, inklusive einer gründlichen Untersuchung des gesamten Mittelohrs. Eine akute Schwerhörigkeit wäre hier garantiert aufgefallen.

Herr H. sollte lieber mal sein eigenes Sprechverhalten überprüfen. Immerhin hat ihn der Postmitarbeiter schon mehrfach aufgefordert, laut und deutlich zu sprechen. Als dies immer wieder misslang, musste er irgendwann notgedrungen selbst deutlich werden.

Mein Tipp:

Herr H. sollte sich das nächste Mal intensiver auf seinen Postbesuch vorbereiten. Er hat ja Zeit genug im Moment. Vielleicht sollte er sich einmal spielerisch überlegen, welche Wünsche er an den Postmitarbeiter hat, ganz konkret, und diese dann klar und deutlich aussprechen. Wenn es ihm schwerfällt, artikuliert zu reden, sollte er sein Anliegen einfach auf ein Blatt Papier schreiben und das dem Schalterbeamten notfalls wortlos überreichen. Aber bitte deutlich und in ausreichend großen Druckbuchstaben. Sonst fängt sich Herr H. gleich wieder den nächsten Rüffel ein.

Empfänger –
die passiven Kunden 3:

Wenn der Postmann zweimal klingelt

Egal, wie gut gelaunt sich ein Paketbote morgens auf die So-
cken macht, um all den Menschen ihre Sendungen direkt in
ihre wartenden Hände zu drücken, irgendwann kommt doch
der Tag, da drückt er fröhlich und lang anhaltend auf den
Klingelknopf neben dem Namensschild – und nichts passiert.
Das ist ärgerlich. Vor allem für uns, und wenn das öfter vorkommt. Vielleicht sogar an ein paar direkt aufeinanderfolgen-
den Tagen. Sie glauben ja gar nicht, wie das zermürbt. Da
bleibt den Betroffenen gar nichts anderes übrig, als auf Dauer
an Ihre Mithilfe zu appellieren. Um den Zustellern unter die
Arme greifen zu können, müssen Sie aber erst mal Bescheid
wissen, wie Sie sich in den einzelnen Fällen verhalten sollten.
Denn: Wenn der Postmann ein zweites Mal auf die Klingel
drückt, kann das ganz verschiedene Ursachen haben:

1. Er ist vielleicht noch sehr jung und unerfahren.

Junge Kollegen, die ihre Ausbildung gerade erst hinter sich gebracht haben, sind oft übermotiviert und werden schnell hektisch, wenn sie mal auf etwas warten müssen. Sobald ihnen nach dem ersten Klingeln nicht sofort die Haustür entgegenspringt, verlieren sie ihre Nerven und legen sofort nach.

Ich war genauso, als ich 1977 als neunzehnjähriger Jungzusteller in Itzehoe-Süd anfing. Nichts konnte mir schnell genug von der Hand gehen. Wie oft habe ich überreagiert, wenn ich vor verschlossenen Türen stand oder dem Empfänger sein eigener Name nicht auf Anhieb einfiel. Aber das gibt sich alles mit den Jahren. Man wird gelassener. Ein erfahrener Zusteller weiß ganz genau, dass die Zeit für ihn arbeitet. Irgendwann wird schon geöffnet werden. Schließlich muss der Bewohner ja irgendwann auch mal einkaufen gehen oder mit dem Müll raus.

Wie Empfänger mithelfen können:
Seien Sie wachsam und halten Sie Ausschau. Achten Sie auf ankommende Motorengeräusche und gehen Sie einfach öfter mal ein paar Schritte vor die Tür. Hören Sie zwischen neun und fünfzehn Uhr keine laute Musik. Halten Sie Ihren Personalausweis bereit und machen Sie ein freundliches Gesicht.

2. Vielleicht ist der Empfänger schwerhörig oder sogar taub.

Dann wird es richtig schwierig mit der Postzustellung. Hörgeschädigte Mitbürger reagieren grundsätzlich nicht auf Geräu-

sche. Selbst mehrfaches Klingeln, lautes Klopfen und Rufen verhallen ungehört im Treppenhaus.

Aber auch so ein Fall muss nicht *aussichtslos* bleiben. Auch hier gibt es einen Trick. Man schreibt einfach einen Zettel mit der Aufschrift »Bitte öffnen, Zusteller wartet auf der anderen Seite der Tür!«, und schiebt ihn unter dem Türschlitz durch. Manchmal klappt's. Mit Speck fängt man Mäuse! Aber es kann dauern. Deshalb gilt für Postzusteller dasselbe wie für jeden Hobbyangler: Ohne Geduld und Spucke geht einem selbst der dickste Fisch nicht ins Netz.

Wie Empfänger mithelfen können:
Schaffen Sie sich ein Hörgerät an. Da gibt es inzwischen im Fachhandel sogar schon ganz kleine, preiswerte und fast unsichtbare Mikromodelle, die so leistungsstark sind, dass sie selbst auf dreihundert Meter Luftlinie noch das Gras wachsen hören. Der Vorteil: Unerwünschte Nebengeräusche wie Ehestreitigkeiten im Nachbarschaftsbett oder hysterisch kläffende Hunde können Sie einfach mit einem leichten Drehen an der Hörmuschel zum Schweigen bringen.

3. Der Empfänger ist nicht zu Hause.

Vielleicht hat er schon Stunden oder Tage vorher unbemerkt seine Wohnung verlassen. Keiner weiß, warum und wohin. Dann ist selbst der geduldigste Zusteller machtlos. Dann hilft kein Klingeln und kein Rufen mehr. Gegen nicht anwesende Empfänger hilft nur noch die Allzweckwaffe der Post: Einschreiben wieder mitnehmen und dem Empfänger eine vorgedruckte Karte schreiben: »Leider haben wir Sie nicht angetroffen …« Diese Karte klemmt man dem Säumigen dann gut sichtbar in die Tür. Dort springt sie ihm dann sofort ins Auge, wenn er zurückkommt. Und nicht nur ihm. Alle seine Hausbewohner aus der Nachbarschaft haben es dann gesehen und wissen Bescheid. Wie peinlich für ihn! Die nächsten Wochen bleibt der garantiert zu Hause.

Wie Empfänger mithelfen können:
Lassen Sie es gar nicht erst so weit kommen. Verlegen Sie alle Einkäufe, Besuche und Arzttermine auf den frühen Abend, wenn die meisten Zusteller durch sind. Oder halten Sie sich regelmäßig auf dem Laufenden, wer Ihnen wann was zuschickt. Aber vergessen Sie nicht, sich die Sendungs-ID geben zu lassen. Dann noch alle paar Stunden im Internet die Sendungsverfolgung auf- oder die zuständige Hotline anrufen, und Sie haben eine Fifty-fifty-Chance, dass Sie den Zustelltag ermitteln und sich notfalls einen Tag Urlaub nehmen können.

4. Womöglich schläft der Empfänger gerade tief und fest.

Das gibt es sehr häufig: Hausbewohner, die die beste Tageszeit einfach verschlafen. Vielleicht sind sie gerade erst von einer anstrengenden Nachtschicht zurückgekehrt und müssen deshalb wichtigen Schlaf nachholen. Wer die Nacht zum Tage macht, darf sich nicht wundern, wenn er bei helllichtem Sonnenschein das Bewusstsein verliert. Oder der Empfänger ist krank und muss aus gesundheitlichen Gründen das Bett hüten. Oder er hat am Abend vorher reichlich Alkohol getrunken oder harte Drogen konsumiert. Egal, welche Umstände ihn auch immer ins Tagesbett getrieben haben mögen, für Zusteller gilt in so einem Fall grundsätzlich das alte Sprichwort: Wer schläft, der sündigt nicht.

Wie Empfänger mithelfen können:
Langfristig wird Ihnen bei Ihrem Problem nur ein veränderter Schlafrhythmus weiterhelfen.

Trinken Sie abends, bevor Sie ins Bett gehen, eine große Tasse Baldriantee mit einem Schuss Honig. Das beruhigt die Nerven, und Sie schlafen ruhig und gelassen die ganze Nacht durch wie ein übermüdetes Murmeltier. Am nächsten Morgen dann sind Sie fit wie ein Turnschuh und können die Ankunft Ihres Zustellers kaum erwarten.

5. Mancher, der nicht öffnet, ist vorher verstorben.

Auch leider tagtägliche Routine im Zustellwesen. Oft ist es der Postbote, der als Erster auf so einen grausigen Fund aufmerksam wird. Spätestens, wenn monatelang nicht geöffnet wurde, der Briefkasten aus allen Löchern quillt und ein beißender, ungewohnter Geruch aus dem Türschlitz aufsteigt, merkt der aufmerksame Postbedienstete: *Moment mal, hier geht doch was nicht mit rechten Dingen zu,* und leitet sofort alle notwendigen Maßnahmen ein: Leerung und Sperrung des Briefkastens, Streichung der Postadresse aus dem Zustellregister, sämtliche Briefe zurück an den jeweiligen Absender.

Wie Empfänger mithelfen können:
Leben Sie gesund, lassen Sie keine von der Krankenkasse be-

zahlte Vorsorgeuntersuchung aus und meiden Sie Gefahren-
quellen aller Art. Das sind Sie der Post einfach schuldig. Wenn
das dann aber trotz alledem nichts hilft und Ihr unausweich-
liches Ende vor uns da ist, wird Ihnen kein Briefträger und
kein Paketbote daraus einen Strick drehen.

Zusteller haben es schwer 2:

Gefangen in der JVA

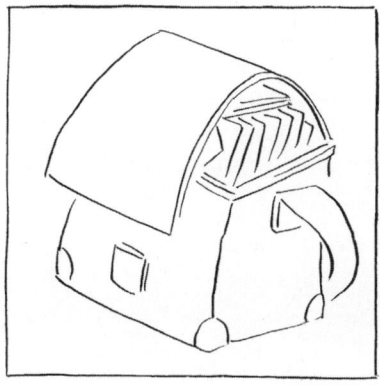

Solange ich denken kann, habe ich immer schon in Itzehoe gewohnt. In der dritten Generation. Meine Großeltern stammten nämlich auch schon beide aus Itzehoe. Meine Eltern wohnten sogar in derselben Straße, als sie noch Kinder waren. Beide in der Heinrich-Heine-Straße, aber zunächst noch getrennt voneinander. Mein Vater in der Nummer 38 und meine Mutter 45, schräg gegenüber war das damals. Da mussten sie sich also zwangsläufig irgendwann mal über den Weg laufen. Zuerst haben sie immer miteinander gespielt, später sind sie dann zusammen zur Tanzstunde gegangen. Und als sie sich gut genug kannten, haben sie dann geheiratet und sind in die Nummer 186 gezogen. Knappe fünfzig Meter weiter rauf in der Heinrich-Heine-Straße, da, wo die Teerstraße in Kopfsteinpflaster übergeht. Ecke Wacholderweg. Da bin ich dann später auch geboren worden und aufgewachsen. Meine gesamte Kindheit habe ich dort zugebracht.

Mit siebzehn war es dann endlich so weit. Da durfte ich meine Ausbildung bei der Post anfangen. Das wurde auch wirklich höchste Zeit. Meine unbeschwerte Kindheit war mir zu dem Zeitpunkt schon etwas auf den Wecker gegangen. Immer nur im Sand rumbuddeln oder zugucken, wie andere Kinder Höhlen bauten oder vom Kletterbaum fielen. Da habe ich irgendwann den Start ins Berufsleben regelrecht herbeigesehnt. Und von dem Tag an haben sich meine Kreise dann auch schlagartig erweitert. Als junger Mensch zieht es einen ja immer in die weite Welt hinaus, und so habe ich dann früher oder später Gesamt-Itzehoe kennengelernt, einschließlich sämtlicher Außenbezirke. Eine schöne Zeit war das. Meine persönliche Sturm- und Drangzeit. Kein Briefkasten war vor mir sicher.

Zwölf Jahre lang habe ich in Itzehoe persönlich zugestellt. Von 1978 bis Herbst 1990. Ich kannte alle Bewohner in meinem Bezirk mit ihrem gesamten Vor- und Zunamen. Wenn jemand gestorben war, habe ich das auch immer gleich als Allererster mitgekriegt. Wegen der Trauerbeflaggung auf den Umschlägen. Aber auch wenn jemand geheiratet hatte, unverschuldet arbeitslos wurde oder vorübergehend in Haft saß, konnte er das nicht lange vor mir geheim halten. Ich war über alles bestens informiert damals. Itzehoe-Süd war mein Revier. Nur ein einziges Mal habe ich meinen Zustellbezirk verlassen. Das war im Sommer 1988. Für drei Wochen. Und das auch nicht ganz freiwillig.

Eines Morgens hing nämlich bei uns in der Hauptpost am Schwarzen Brett ein Aushang mit der Überschrift: »SPRINGER GESUCHT!« Im Postzustellbezirk Neumünster hatte sich ein Großteil der einheimischen Zusteller an einer hochinfektiösen Sommergrippe angesteckt und musste zu Hause im Bett bleiben. Nun wurden Aushilfszusteller aus anderen Bezirken gesucht, die diese Kranken bis zu ihrem vollständigen Wiederaufbau vertreten sollten. Zusteller stecken sich ja schnell mal irgendwo an. Sie kommen mit ihren Nasen in alle Haushalte rein, und wenn da irgendwo verdeckte Bakterien oder Viren rumfliegen, dann ist es auch schon zu spät. Ehe man sichs versieht, wird einem heiß im Kopf, die Welt fängt an sich um einen herum zu drehen, Husten und Erbrechen kommen dazu, und man findet sich neben einem Zehn-Liter-Eimer im durchgeschwitzten Bett wieder. Schlimm, so was.

Dass die Sache mit der Springersuche dringend sein musste, das konnte man schon an den Großbuchstaben ablesen, in denen dieser Aufruf abgefasst war. In kurzen, knapp gehaltenen Sätzen guckten sie fettgedruckt vom Schwarzen Brett auf uns Mitarbeiter herunter, und ein Wort ergab das andere. Trotzdem habe ich diesen Aushang zuerst nicht weiter beachtet. Neumünster? Das kannte ich ja gar nicht, und es war so weit weg. Über fünfzig Kilometer lagen zwischen Itzehoe und Neumünster. Luftlinie. Auf dem Landwege oder zur See kamen sogar noch ein paar mehr zusammen. Neumünster liegt nämlich mitten drin in Schleswig-Holstein. In einer stabilen Zentrallage. Da leben völlig andere Menschen als bei uns in Itzehoe. Itzehoe liegt viel weiter links auf der Landkarte, nicht weit von der Nordseeküste. Da wehte schon seit meiner frühesten Kindheit ein ganz anderer Wind. So ein zentrales Landleben ist nichts für mich. Da sollte mal schön jemand hingehen, der sich da besser auskannte in der Gegend oder auf halbem Weg wohnte oder da schon immer mal Urlaub machen wollte. Ich persönlich hatte keinen Bedarf. Überhaupt nicht. Aber es sollte anders kommen.

Noch am gleichen Morgen rief mich nämlich mein damaliger Vorgesetzter Herr Meyerhofer in sein Büro. Das war bis dahin noch nie vorgekommen, und ich hatte wirklich nicht die geringste Ahnung, was der von mir wollte, als ich mich auf den Weg zu ihm machte. Kaum hatte ich sein Büro betreten, da goss er mir auch schon persönlich eine große schwarze Tasse frischen Bohnenkaffee ein und fragte mich so ganz nebenbei, was ich denn von dem Aufruf am Schwarzen Brett halten würde. »Gar nichts«, wollte ich sofort antworten. Aber instinktiv ahnte ich doch, dass er sich das Gespräch vielleicht irgendwie anders vorgestellt haben könnte. Das kennen Sie wahrscheinlich auch von Ihren eigenen Vorgesetzten her. Vorgesetzte haben ja alle eine sehr ähnliche Gemütsverfassung. Man spürt einfach sofort, was die von einem wollen. Meistens sogar noch, bevor sie überhaupt den Mund aufgemacht haben.

Als er meine Tasse ein zweites Mal bis zum Eichstrich vollgeschenkt hatte, ging er plötzlich zum großen Panoramafenster rüber und guckte raus. Einfach so, wortlos, als ob ich Luft für ihn wäre, so wenig beachtete er mich dabei. Lange Zeit guckte er raus, und ich konnte ihm nur stillschweigend hinterhergucken. Er stand da und guckte einfach nur in die weite Leere des Posthofs. Mindestens drei, vier Minuten lang, ohne irgendwas zu sagen. So hatte ich ihn in meiner gesamten Dienstzeit noch nie gucken sehen wie an diesem Morgen.

Und dann fing er plötzlich an zu sprechen. Gott sei Dank. Zu langes Schweigen kann ich in Gegenwart von Vorgesetzten nur schwer ertragen. Da konnte mir der Kaffee noch so gut schmecken, nach mehreren Schweigeminuten am Stück habe ich einfach keinen Durst mehr. Aber dann fing er ja wie gesagt an zu sprechen, und es klang ganz feierlich, als er loslegte. Ungefähr so feierlich, wie unsere Bundeskanzlerin am Silvesterabend im Fernsehen ihrem deutschen Volk einen guten Rutsch wünscht. Genauso klang mein Chef, als er seine Stimme gegen mich erhob. Er sagte, er könne sich gut vorstellen, dass dieses auswärtige Engagement in Neumünster für meine Karriere bei der Post einen großen Sprung nach vorn bedeuten könnte. Dass sich so ein bezirksferner Aufenthalt in meinem Lebenslauf gut lesen würde, dass ich überhaupt sein bester Mann sei und als Einziger das Zeug dazu hätte, und so weiter und so weiter.

Dann drehte er sich wieder zu mir um und sah mich lange und inzwischen auch wieder schweigend an.

Ich mag keine Überraschungen. Vor allem nicht, wenn sie so plötzlich kommen. Mochte ich schon als Kind nie. Andere Kinder haben sich immer beim Kaufmann diese Wundertüten für zehn Pfennig das Stück gekauft. Wo irgendwelche Miniaturplastikfiguren oder Hartgummieier drin waren oder farbige Kaugummis, die in Cowboybilder eingewickelt waren. Und immer ganz viel Puffreis gab's auch noch obendrauf. Das war das Einzige, worüber man sich in den Wundertüten nicht zu wundern brauchte. Der Puffreis. Der war in jeder Tüte mit von der Partie. Ich mochte noch nie solche Überraschungen aus Wundertüten. Ich weiß immer lieber vorher ganz genau, was auf mich zukommt. Mein Leben ist so schon aufregend genug. Ich mag es nicht, wenn mich jemand kännchenweise mit heißem Kaffee überschüttet, aber dabei zweideutige Angebote macht.

Als unser Gespräch zu Ende war, brachte er mich noch zur Tür, genauso wie es die Geschäftsmänner im Fernsehen auch immer mit ihren Besuchern machen. Er sagte dann, er hätte vollstes Verständnis für meine Entscheidung. Ich müsste deswegen kein schlechtes Gewissen haben. Er lasse zwar seinen besten Mann nur ungern ziehen, aber er würde mir auch keine Steine in den Weg legen wollen. Karriere ginge schließlich vor. »Melden Sie sich morgen früh um acht Uhr im Postamt 2 in Neumünster in der Bundesstraße 71«, sagte er, klopfte mir noch zweimal leicht auf beide Schultern und ließ dann die schwere Eichentür hinter mir ins Schloss fallen.

Neumünster hat ungefähr hunderttausend Einwohner, einen mehrgleisigen Bahnanschluss, und die Leute dort sind sehr nett. Freundlich und hilfsbereit haben mich die neuen Kollegen in kürzester Zeit eingearbeitet und mir meinen Einstieg leicht gemacht. Nach einer Woche fühlte ich mich in der schmucken Metropole des Nordens schon fast wie einer von ihnen.

Unmittelbar im Zentrum von Neumünster liegt eine große Justizvollzugsanstalt. Ein altes Gefängnisgebäude ist das, das schon vor über hundert Jahren erbaut wurde und seitdem seinen Bewohnern Ausflüge in die landschaftlich schöne Umgebung schwermacht. Viele backsteinartige Großgebäude sind über das weite Gelände verstreut, mit Küche, Wohnbereich, Sporthalle, eben allem, was man so braucht, wenn man jahrelang nicht so richtig vom Fleck kommt. Das gesamte Anstaltsgelände ist von meterhohen Mauern und scharfkantigen Metallgitterzäunen mit Stacheldraht umgeben. Und in jeder Ecke steht ein hoher Aussichtsturm mit eingebautem Suchscheinwerfer.

Diese JVA fiel direkt in meinen Zustellbezirk. Jeden Morgen habe ich die Post dort vorbeigebracht. Gefängnisse kriegen viel Post, wegen ihrer zahlreichen Mitbewohner. Über vierhundert Straftäter teilten sich hier auf engstem Raum Tisch und Bett und schrieben, wenn ihnen mal langweilig wurde, seitenweise Briefe an ihre Brüder und Schwestern im freien Teil von Neumünster. Und natürlich kriegten sie auch Post zurück. Jede Menge sogar. Immer einen ganzen Stapel habe ich vorne im Pförtnerhaus abgegeben. Jeden Morgen. Persönlich. Es gab dort zwar auch einen Außenbriefkasten, aber in einer JVA ist ständig ein Sicherheitspförtner vor Ort, der die Briefe entgegennimmt. Rund um die Uhr.

An einem Morgen, als ich wieder mal die Post an die Gefängnismauern brachte, stand dort ein großer Reisebus mit Pinneberger Kennzeichen auf dem Gästeparkplatz herum. Eine Schulklasse war gerade ausgestiegen und wollte sich das Gefängnis wohl mal aus nächster Nähe ansehen. Alles durchweg junge Leute waren das, etwa dreißig Stück. Jungen und Mädchen bunt gemischt, mit Butterbroten und Kakaotüten in ihren klebrigen Schülerhänden. Wahrscheinlich hatten die im Gemeinschaftskundeunterricht gerade das Thema »Kriminalität lohnt sich nicht« durchgenommen und wollten jetzt mal am eigenen Leibe erfahren, wie es sich so anfühlt, wenn man nicht hören wollte und aus purem Übermut meterweise Gesetzestexte übertreten hat. Ich finde solche Projekte gut. So ein Schülerpraktikum soll ja auf das wirkliche Leben in Frieden und Freiheit vorbereiten. Da kann so eine kleine Abschreckung kurz vor Schulschluss durchaus eine heilende Wirkung für die gesamte Lebensplanung haben.

Schnell nahm ich meine Beine in die Hände und rannte auf das Pförtnerhaus zu, damit ich noch schnell vor den Schülern abgefertigt werden konnte. Schülerklassen darf man nie vorlassen. Niemals. Egal, wo sie auch aufkreuzen, im Zoo, in öffentlichen Verkehrsmitteln oder eben nur mal schnell an der Supermarktkasse, mit vollbesetzten Schülerklassen ist nie zu spaßen. Es dauert nämlich immer ewig, bis die alle ihre Brausebonbons und Salmiakpastillen durchgezählt und mit ihrer EC-Karte verrechnet haben. Also beeilte ich mich. Denn bevor diese dreißig Jungpraktikanten alle ihre Personalausweise vorgezeigt hätten und ihnen die Schusswaffen abgenommen worden wären, hätte es schnell aller Tage Abend werden können. Aber ich war gut zu Fuß an diesem Morgen und Gott sei Dank gleich als Erster dran. Wieder hatte ich einen ganzen Packen Briefe dabei, aber diesmal sogar auch noch einen Einschreibebrief für einen gewissen Klaus Grobe, einen Justizvollzugsbeamten aus der Frühschicht im Block E.

Einschreibebriefe müssen, wie Sie ja wissen, immer direkt zugestellt werden. Entweder direkt an den Empfänger oder direkt an den diensthabenden Briefkasten (Einwurfeinschreiben). Letzteres hält zwar weniger auf, aber dafür muss der Zusteller selber mit seiner Unterschrift haften. Hier war es genau umgekehrt. Ich selber war verantwortungsgemäß aus dem Schneider, aber dafür musste ich zunächst mal mit dem Empfänger in direkten Kontakt eintreten. Der Pförtner sagte mir, dass Herr Grobe zurzeit sehr beschäftigt sei und seinen Arbeitsplatz nicht verlassen könne. Ich müsse den Brief deshalb zu ihm hinbringen. Direkt an seinen Arbeitsplatz im Kontrollturm 2. Er telefonierte kurz, um meinen Besuch anzukündigen. Dann drückte er auf den Summer, es brummte, ich stieß die dicke Eisentür mit einer einzigen Handbewegung auf und gelangte so, Sekunden später, und noch vor der johlenden Schulklasse direkt auf das Anstaltsgelände. Es war ein Kinderspiel.

Der Pförtner rief mir noch lauthals das aktuelle Codewort nach, das ich brauchen würde, um durch die Sicherheitsschleuse in die Wachtürme zu gelangen. Und dass ich dieses Codewort da drin besser für mich behalten sollte.

»Edelmarder« hieß es an diesem heißen Julitag. Jeden Tag gab es dort nämlich ein neues Passwort, das macht 365 verschiedene Codewörter in einem einzigen Haftungsjahr. Irgendwann muss da jedes Tier mal für einen Tag ran. Wenn ein Häftling z. B. zu sieben Jahren Gefängnis verurteilt worden ist, dann wären in seiner gesamten Aufenthaltszeit vor Ort sage und schreibe bis zu 2555 verschiedene Tiercodewörter ungehört an ihm vorbeigeschleust worden. 2555 Stück! Dabei hätte ihm schon eine einzige laut ausgesprochene Tierart das Tor in die freie Wildbahn öffnen können. Aber dazu musste er das erst mal rausfinden. Deshalb wechselten diese Codewörter ja auch täglich. Häftlinge haben von Natur aus ein starkes Interesse an Wörtern dieser Art, und wenn so ein Wort erst mal irgendwo durchgesickert ist und sich rumgesprochen hat, dann ist es schon bald in aller Munde, und die Anstaltstore sind weit geöffnet. Dann ist es wie damals in der DDR, und man kann den Laden lieber gleich ganz dichtmachen.

Ein regelrecht ungewohntes Gefühl war es für mich, als ich da so mutterseelenallein durch die langen leeren Korridore schlich. Kein Mensch weit und breit. Nicht eine Seele. Wo waren die bloß alle hin? Ich war noch nie vorher jemals im Inneren einer Haftanlage gewesen, weder beruflich noch privat, und kannte mich deshalb überhaupt nicht aus. Aber angenehm kühl war es hier drinnen wenigstens. Da ließ es sich aushalten. Ganz anders als draußen in der Freiheit. Da draußen herrschte der Juli mit heißen Außentemperaturen. Schon seit Tagen kochte und brodelte es in Zentral-Schleswig-Holstein so heftig, dass vielen Menschen die Luft wegblieb. 26 Grad Schattentemperatur hatte unser Außenthermometer an der Hauptpost am Morgen um neun Uhr angezeigt. 26 Grad um neun Uhr. Sommerzeit. Das heißt, es war eigentlich sogar erst acht. Mein hellblaues Zustellerhemd klebte zwischen Kragen und Nackenbereich zusammen, und unterhalb meiner Oberarme waren schon tiefdunkle und schweißnasse hektische Flecken aufgetaucht. Überall im Gebäude waren an den Decken Videokameras angebracht. Zur Überwachung. Falls mal ein Häftling auf krumme Gedanken kommen sollte, dann konnte man ihn so stellen und auf direktem Wege wieder unter Dach und Fach bringen.

Kurz nach elf war es geworden, als ich aus dem kühlen Backsteinblock wieder hinaus auf den Gefängnishof trat. Von hier aus konnte ich endlich auch die vier Wachtürme erkennen. Mit bloßem Auge, kein Problem. Sie blitzten und blinkten deutlich sichtbar in der Mittagssonne, und einer davon musste Herrn Grobe gehören. Aber welcher? Also gehören tat der Turm natürlich nicht Herrn Grobe, sondern dem Staat, das ist klar. Genau wie die anderen drei Türme auch. Allesamt Staatseigentum. Sogar die Post gehörte im Jahre 1988 ja noch dem Staat. Das waren noch die goldenen Zeiten für uns damals. Und auch die Bahn und die Telekom, und viele öffentliche Schwimmbäder gehörten Vater Staat. Und die gesamte DDR sogar. Die allerdings noch einem anderen. Post und DDR sind zwar schon längst in private Hände übergegangen, aber Justizvollzugsanstalten sind und bleiben aus Sicherheitsgründen verstaatlicht. Damit keine kriminellen privaten Anbieter auf diesem Wege ihre Artgenossen freikaufen können.

Also, auf einem der Türme musste Herr Grobe einsitzen, das war mir klar. Aber welcher war Turm 2? Von außen sahen alle gleich aus, und es standen keine Nummern dran. Auch sonst war das gesamte Anstaltsgelände sehr schlecht ausgeschildert. Keine Wegweiser, keine Fluchtwege für den Ernstfall. Nichts. Überhaupt nicht besucherfreundlich. In anderen

Großbetrieben, in denen ich in meiner Postlaufbahn zugestellt hatte, war das ganz anders. Natürlich geht es dort immer etwas unübersichtlicher zu als in kleinen Einfamilienhäusern. Auf achtzig Quadratmetern Stube, Küche, Bad kann man sich nicht verlaufen, in Großbetrieben schon. Ich war zum Beispiel mal in einer Großschlachterei in Itzehoe-Süd. Da musste ich erst an zweihundert quiekenden Schweinehälften und gefährlichen Bolzenschussgeräten vorbeischleichen, bis ich endlich nach Stunden ganz blutverschmiert zu meinem Empfänger vorstoßen konnte.

Ein Mann in Uniform kam mir auf dem Gefängnishof entgegen. Wahrscheinlich ein Wärter. Ein freundlicher Justizbeamter in den besten Jahren war das, mit blassem Gesicht, großem Schlüsselbund am Gürtel und einer brennenden Zigarette in der Hand. »Wo geht's denn bitte zu Turm 2«, fragte ich ihn. »Da lang«, sagte er, ohne viele Worte zu machen, zog an der Zigarette und zeigte mit der letzten Glut auf einen nahe gelegenen Aussichtsturm.

»Ich schließe Ihnen die Zwischentüren auf«, sagte er noch, »sonst kommen Sie da nicht durch.« Dann ging er voraus. Mindestens zehn schwere Eisentüren nacheinander hat er vor meinen Augen auf- und hinter uns wieder zugeschlossen. Ohne die richtigen Schlüssel geht in einer JVA nämlich gar nichts. Aber er war ein echter Profi, ein Fachmann, der sich auf sein Handwerk verstand, und ohne den ich wahrscheinlich immer noch verlassen im Innenhof rumgestanden hätte. Er führte mich durch Fahrradwerkstätten, wo technisch begabte Häftlinge schraubten und feilten, was das Zeug hielt, dann durch den Zellentrakt 5 mit den mittelschweren Jungs, danach an den sanitären Anlagen vorbei, und etwas später kamen wir zur Großküche mit angegliedertem Speisesaal. Es roch nach gekochtem Essen, das war mir schon Minuten vorher selbst durch die dicksten Stahltüren hindurch aufgefallen. So langsam setzte nämlich die Mittagszeit ein, und von überall her strömten die hungrigen Werktätigen in die Kantine.

Immer lauter wurde es um mich herum. Ein regelrechtes Stimmengewirr, ein Geplapper und Geschnatter wie auf einer Weihnachtsfeier von Postjungzustellern, auf denen es ja auch alle Jahre wieder hoch hergeht. Gutes Essen, viel Alkohol, und gegen Mitternacht steht bei denen in der Regel nicht mal mehr der Tannenbaum.

Ich hatte Hunger, ließ ein Tablett vom Stapel und stellte mich hinten an. Nur nicht drängeln, redete ich mir selbst gut zu. Die vorgeschriebene Hackordnung einhalten. Unter Knastbrüdern stellte man sich lieber freiwillig in Reih und Glied, sonst könnte man schnell mal ein Essbesteck in den Rücken gesteckt bekommen. Es war schließlich Mittagszeit, und da ging's um die Wurst. Da musste man was essen. Egal, ob in Freiheit oder als vorübergehender Gefangener, wenn die Uhr zwölf schlägt, greife ich automatisch zu Messer und Gabel. Zwei Stammessen gab es zur Auswahl. Einmal vegetarisch und einmal normal. Dazu noch ein reines Körnergericht mit geschnetzelten Ballaststoffen, ein Diabetiker-Menü ohne Zucker und Geschmacksrichtung und Schonkost für übergewichtige Allergiker. Nicht schlecht, dachte ich. Dafür, dass hier vor wenigen Jahren nur Wasser und Brot serviert wurden, war das ein echter Fortschritt im deutschen Justizwesen. An so einer Auswahl könnte sich unsere Postkantine durchaus mal eine Scheibe von abschneiden. Bei uns in der Postkantine schmeckte es leider nur sehr selten richtig gut. Unser Küchenchef war nämlich schon fast siebzig Jahre alt und hatte das Kochen noch zu einer Zeit erlernt, als es noch keine Zutaten gab.

Es schmeckte fürchterlich, und viele Teller blieben bei der Geschirrrückgabe genauso randvoll wie bei der Ausgabe.

Ich setzte mich mit meiner Rindsroulade inklusive Kartoffelpüree und Rotkohl zu den anderen Gefangenen an einen großen Tisch. Beim Mittagessen komme ich immer ziemlich schnell ins Gespräch, selbst mit völlig fremden Menschen. Das war schon immer so bei mir. Wenn's mir schmeckt und mein Magen zufrieden ist, läuft mein Mund über.

Mein Tischnachbar erzählte mir, dass er als Jugendlicher immer schon den Traum gehabt hatte, zur Post zu gehen. So ein richtiger Lebenstraum war das für ihn gewesen, der sich aber leider nie erfüllen konnte, weil ihm sein Schicksal ungerechterweise einen Strich durch die Rechnung gemacht hatte. Der Mann war ungefähr in meinem Alter und hatte sich für das Schonkostgericht mit Lauch und holsteinischen Originalgewürzen entschieden. Er erzählte in leisem Flüsterton, dass er seit vierzehn Jahren unschuldig in Haft sitzen würde, nur weil er damals auf seiner frischen Tat mit jemandem verwechselt worden wäre. Gekaufte, falsche Zeugen hatten ihm zwei Morde und einen Raubüberfall in seine Schuhe geschoben. Zwei Morde, die er nie begangen hätte. Aber er konnte nicht das Gegenteil beweisen, weil er zur Tatzeit seine kranke Mutter gepflegt hatte, die aber inzwischen tot war und sich deshalb vor Gericht an nichts mehr erinnern konnte.

Ich war so schockiert von seiner Lebensbeichte, dass ich ganz vergaß, vor dem Losessen den Rouladenfaden abzuwickeln, und ihn so zusammen mit dem gesamten Püree und Rotkohl runtergeschluckt habe. Es war nicht zu glauben, wie ich hier rein zufällig mitten in einen riesigen vertuschten Justizskandal hineingeraten war. Und das in einem angeblichen Rechtsstaat. Unglaublich, was in den späten achtziger Jahren noch so alles möglich war in der ehemaligen BRD. Und noch nie hatte der Mann vorher über seine Geschichte geredet. Mit niemandem. Das hatte er mir immer wieder zugeflüstert. Vierzehn Jahre lang hatte er wie ein schweigendes Lamm dichtgehalten, aber nun, in der Hitze der Mittagspause, war es doch ganz plötzlich aus ihm herausgebrochen.

Aber es nützte alles nichts. Ich musste weiter zu Herrn Grobe in den Turm 2. Dienst ist schließlich Dienst. Ich verabschiedete mich und tröstete ihn noch damit, dass draußen in der Freiheit auch nicht alles immer nur zum Allerbesten stehe. Dass es auch da Ungerechtigkeiten und Menschen mit Problemen gebe. Hohe Heizkosten, unglückliche Partnerschaften, Krankheiten, Schulprobleme. Viele freie Menschen kämen mit ihrer Freiheit gar nicht richtig zurecht. Einige würden schon seit Jahren nur knapp an der Mindestlohngrenze vorbeischrammen, andere wiederum steckten bis zum Hals in Schulden oder im schlimmsten Fall sogar im falschen Körper. Draußen ginge es nur noch drunter und drüber. Also, Kopf hoch, sagte ich aufmunternd zu ihm, als ich mein Tablett zurück zu den anderen stellte und das Weite suchte. Gerade noch rechtzeitig. Denn genau in dem Moment strömte die Schulklasse in die Kantine hinein und nahm alles auseinander, was nicht niet- und nagelfest war. Ketchupflaschen wurden bis auf die Grundmauern ausgequetscht, Pommes flogen im hohen Bogen über Tische und Bänke, so dass es selbst den hartgesottensten Schwerstkriminellen zu viel wurde und sie die Flucht ergriffen.

Inzwischen war es ein Uhr geworden. Gute zwei Stunden hatte ich schon in der Anstalt zugebracht.

Jetzt aber schnell, dachte ich mir. Mein Tischkamerad hatte mir den genauen Weg zum Turm 2 geflüstert, so dass ich gut vorankam.

Irgendwann stand ich schließlich vor der Sicherheitsschleuse, die zum Turm 2 hinaufführte. Endlich. Eine silbermetallicfarbene Automatiktür ohne Griff war das, wie bei unserem Fahrstuhl in der Hauptpost. Ich drückte auf den grünen Knopf an der Seite, und sofort schob sich die Tür wie ein Akkordeon ineinander. Völlig geräuschlos ging ich hinein, und ungefähr nach weiteren zwanzig Metern baute sich eine weitere Schiebetür vor mir auf. Genauso silbern war die, aber diesmal ohne grünen Druckknopf. Ein kleines Kästchen mit einem Schlitz war stattdessen neben der Tür angebracht, so wie bei meinem Geldautomaten zu Hause in Itzehoe, wo man seine EC-Karte reinstecken muss. Aber ich hatte keine Karte. Der Pförtner hatte mir nichts von einer Karte erzählt.

»Zuerst Karte eingeben, dann Codewort«, stand ein Hinweis neben dem Kästchen. Mist! Ich nahm mein Portemonnaie aus der Hosentasche und fing an zu kramen. Hier hatte ich für alle Fälle immer eine ganz beachtliche Sammlung von Magnetstreifenkarten gebunkert. Zuerst versuchte ich es mit meiner EC-Karte. Fehlanzeige. Danach mit der ADAC-Karte, AOK, Ausweis für die Itzehoer Lesehalle, Autoversicherung, usw. Endlich, bei der 25. Karte, mit der ich immer Bonuspunkte bei meiner Tankstelle sammle, piepte es. Volltreffer. Zu irgendwas musste diese Karte ja auch gut sein. Sie passte wie die Faust aufs Auge. Im Display erschien: »Bitte Codewort eingeben.«

Genau, das Codewort. Wie war das doch noch? Irgendein Tier war es, das wusste ich noch. Mehr nicht. Die ganze Zeit hatte ich daran gedacht und den vollständigen Namen in meinem Gedächtnis mitgeführt, aber nun, wo ich es am dringendsten brauchte, war es weg. Futsch. Ohne das eine entscheidende Wort steckte ich fest. So kurz vorm Ziel.

Jetzt half nur eins: Ich musste mir selbst beim Erinnern helfen. Ganz vorn anfangen und mich an dem Letzten festhalten, was ich noch wusste. Ich wusste, es war ein Tier. Und zwar eins, das man nicht alle Tage sieht. Und nicht sehr groß, aber auch nicht so ganz klein. Mittelgroß, so zwischen Hase und Igel. Und der Buchstabe a kam drin vor. Mein Postkollege Peter Hermesroth hätte mir weiterhelfen können in dieser Situation. Dem war kein Tier fremd. Der kannte sich aus wie kein anderer in der Welt. Das kam von seinem Kreuzworträtselhobby. Eine richtige Wissenschaft war das für ihn. Schon als Kind hatte er angefangen, senkrechte von waagerechten Wörtern zu unterscheiden, und in all den Jahren ein beachtliches Allgemeinwissen angehäuft. Der hätte so ein Codewort nie vergessen. Dazu war er viel zu allgemeingebildet. Wenn es auf deutschen Universitäten eine Studienfachrichtung »Allgemeinbildung« geben würde, dann hätte Peter Hermesroth hier seine Doktorarbeit machen können. Ohne mit der Wimper zu zucken und auch ganz ohne aus Versehen abzuschreiben. Einfach nur durch eine solide Kreuzworträtselvorbildung.

Seit einer geschlagenen Stunde steckte ich nun schon in der Sicherheitsschleuse fest, und es ging weder vor noch zurück. Die Luft war stickig und verbraucht. Die Hitze von draußen drang Meter für Meter tiefer in die Schleuse vor, und ich wurde zunehmend müder. Ich hätte auf der Stelle einschlafen können. In meiner Erschöpfung setzte ich mich auf den kühlen Fußboden, den Rücken an die Wand, gähnte ein paarmal und war schon in der nächsten Minute fest eingeschlafen. Mein erstes Nickerchen in Unfreiheit. Aber ich schlief tief und fest. Ich war ja auch mit mir selbst im Reinen. Ein gutes Gewissen ist ein gutes Ruhekissen, sagt der Volksmund, und da ist was dran.

Geweckt wurde ich etwa eine Stunde später. Laut und heftig von der Pinneberger Schulklasse. Die war auf ihrem Wandertag inzwischen in die Schleuse eingedrungen und hätte mich dort fast über den Haufen gerannt. Zertrampelt mit Mann und Maus. Laut grölten sie immer wieder das Wort »Edelmarder« vor sich hin, und schon im nächsten Moment war die Tür aufgeflogen. Dreißig krakeelende Jugendliche rannten um die Wette, was das Zeug hielt. Jeder wollte der Erste im Turm sein. Ausgelassen und heiter, wie Schüler auf Klassenfahrten eben sind. Wortlos ging ich ihnen hinterher.

Es dauerte wiederum eine geschlagene Stunde, bis die Schüler sich sattgesehen hatten an der schönen Aussicht und alle Alarmknöpfe durchprobiert hatten. Als es wieder still geworden war, stieg ich die schmale Stiege zum Turm hinauf und überreichte Herrn Grobe seinen Einschreibebrief. »Aushändigung um 14.30 Uhr« trug ich in mein kleines Protokollheftchen ein. Herr Grobe unterschrieb, und ich ging zurück in die Freiheit. Was lange währt, währt endlich gut. Auftrag erledigt.

Danksagung

Zum Glück habe ich heutzutage die Zeit dazu, Ihnen einen solch praktischen Ratgeber an die Hand zu geben. Vor allem dafür bin ich sehr dankbar.

Ein Buch mit mehreren Seiten zu schreiben dauert nämlich einige Zeit. Sie können sich als Laie wahrscheinlich überhaupt nicht vorstellen, wie viel Zeit beim Schreiben tatsächlich einen Bach runterläuft. Früher konnte ich mir das auch kaum vorstellen, da fehlte mir einfach die Erfahrung in der Hinsicht. Da habe ich, genau wie Sie, geglaubt, ein Buch zu schreiben dauert nicht viel länger, als eins durchzulesen. Aber das ist ein Irrtum, das habe ich in dieser langen Schreibdiensttätigkeit, die jetzt schon fast hinter mir liegt, auch erst bitter erfahren müssen. Berufstätige mit einer geregelten Vierzig-oder-mehr-Stunden-Woche schreiben daher nur sehr selten Bücher. Gerade wenn sie Familien haben, können sie das mit ihrem guten Gewissen oft gar nicht vereinbaren. Nur alleinstehende Berufstätige, Betriebsräte oder Arbeitnehmer in ganz dringenden Ausnahmefällen können so was machen. Als ich noch hauptberuflich im Postdienst tätig war, da hätte ich mir diese Zeit niemals nehmen können. Die Zeit war einfach insgesamt viel zu knapp dafür.

Aber heute habe ich reichlich Freizeit. Und da habe ich mir gedacht: Bevor ich die den ganzen Tag mit meinem Fernseher verplempere oder mir in Freizeitparks das teure Geld aus der Tasche ziehen lasse, da kann ich in der Zeit genauso gut ein Buch schreiben. Damit schlage ich dann auch gleich zwei einzelne Fliegen. Erstens ist mein Überschüssige-Freizeit-Problem vom Tisch, und zweitens erfülle ich einen guten Zweck für alle ratsuchenden Postkunden.

Gesagt, getan, habe ich mir gedacht, mich sofort in meinem Wohnzimmer an meinen Ecktisch ganz dicht ans Aquarium gesetzt und mit dem Schreiben angefangen. Einen Schreibblock nach dem anderen habe ich vollgeschrieben. Gegen Abend waren meine Finger oft schon ganz blau angelaufen. »Nimmt das denn nie ein Ende«, habe ich oft lauthals gedacht, wenn ich zum zehnten Mal die Tintenpatronen gewechselt habe. Aber irgendwann geht auch der längste Arbeitstag mal zu Ende, und jetzt ist es tatsächlich so weit: Mein Buch ist fertig. Auch dafür bin ich nach all der Schreiberei sehr dankbar.

Geholfen hat mir niemand beim Schreiben und Nachdenken. Sie kennen das ja: Was anständig werden soll, macht man lieber selbst. Deshalb kann ich mich jetzt auch bei niemandem bedanken.

Außer bei allen Lesern. Immerhin haben Sie bewiesen, dass Sie ein ernstzunehmender Postkunde werden wollen. Sonst hätten Sie es ja gar nicht bis hier hinten geschafft, so ganz ohne Motivation und Wissensdurst. Und gerade in den heutigen Zeiten, in denen die Menschen immer mehr aus unserem Arbeitsleben verschwinden, sind für die Post innerlich motivierte Kunden Gold wert.

Ihnen allen ein herzliches Dankeschön.

Frau Freitag

CHILL MAL, FRAU FREITAG

Aus dem Alltag einer
unerschrockenen Lehrerin

ISBN 978-3-548-37399-7
www.ullstein-buchverlage.de

Elterngespräche auf Türkisch, neue Bildungsan-
sätze »Hitler hat die Mauer gebaut« oder gerapp-
te Entschuldigungszettel: An Frau Freitags Schule
geht es immer voll ab. Abdul und Ronnie haben
keinen Plan von englischen Vokabeln, aber wissen alles über Klingeltöne und Menowin. Christine
malt lieber mit Mascara statt mit Tusche. Und Elif,
die Klassenqueen, stylt sich im Disco-Islam: rosa
oder türkis und natürlich Kopftuch. Aber Frau
Freitag findet: Ich habe den schönsten Beruf der
Welt. Ihr Alltag ist absurd-komische Realsatire –
verrückt, anrührend und vor allem sehr lustig.

US365

Ferien fatal – Reisepannen aus aller Welt

Stephan Orth / Antje Blinda

SORRY, IHR HOTEL IST ABGEBRANNT

Kurioses aus dem Urlaub

ISBN 978-3-548-37410-9
www.ullstein-buchverlage.de

Hotelzimmer aus der Hölle, verwechselte Zielorte, unglaubliche Abzockertricks: Die schönste Zeit des Jahres kann im Handumdrehen zum Fiasko geraten. Mit diesem Reiseführer der verrücktesten Pannen sind Sie gegen die Tücken des Urlaubsalltags gewappnet – hier erfahren Sie, was Sie niemals im Katalog lesen werden, und können aus den amüsanten Erlebnissen von SPIEGEL-ONLINE-Lesern lernen. Denn wer nackt zum Begrüßungsdinner geht, sollte sicher sein, auch tatsächlich ein FKK-Resort gebucht zu haben.

ullstein

US364

Eine Hommage an das lustigste Volk der Welt: die Deutschen

Oliver Kuhn / Michaela Moses

DEUTSCHLAND EINIG DEPPENLAND

Wie doof die Deutschen wirklich sind

ISBN 978-3-548-37343-0
www.ullstein-buchverlage.de

Deutschland ist ein saukomisches Land. Hier antworten Kandidaten in einer Quizshow auf die Aufforderung: »Nennen Sie einen Schweizer Kanton!« mit »Ich weiß zwar nicht, was es ist, aber ich sag jetzt mal: Polizist.« Hier gelten Anordnungen wie diese: »Besteht ein Personalrat aus einer Person, erübrigt sich die Trennung nach Geschlechtern.« Und hier benötigen Menschen Hinweise auf einem Pfefferspray wie »Bitte nicht ins eigene Gesicht sprühen«.
Dieses Buch versammelt unseren kollektiven Irrsinn aus 60 Jahren. Denn die witzigsten Geschichten schreibt immer noch das Leben.

»Dieses Buch hat sehr lustige Inhaltsstoffe.«
Stefan Raab

ullstein